Зубахин Вадим Викторович

Das erste russische Lesebuch für Anfänger

Stufen A1 und A2 zweisprachig mit russisch-deutscher Übersetzung

LANGUAGE
PRACTICE
PUBLISHING

Посвящается моим сыновьям, которые вдохновили меня на написание этой книги.

Благодарности
Я очень благодарен своей жене Наташе и своему сыну Андрею, которые помогают мне готовить эту книгу.

Оглавление
Inhaltsverzeichnis

Das Erste Russische Lesebuch

Anfänger Stufe A1

Русский алфавит

Das russische Alphabet

Buchstabe .. Name .. IPA .. Beispiel in Deutsch

Аа .. а [a] .. /a/ .. a in Mann
Бб .. бэ [bɛ] .. /b/ oder /bʲ/ .. b in Bett
Вв .. вэ [vɛ] .. /v/ oder /vʲ/ .. w in wer
Гг .. гэ [gɛ] .. /g/ .. g in gut , oder h in habe
Дд .. дэ [dɛ] .. /d/ oder /dʲ/ .. d in das
Ее .. е [je] .. /je/ oder / ʲe/ .. je in jetzt
Ёё .. ё [jo] .. /jo/ oder / ʲo/ .. jo in Johannes
Жж .. жэ [ʐɛ] .. /ʐ/ .. g in Giro, Genre
Зз .. зэ [zɛ] .. /z/ oder /zʲ/ .. S in sagen
Ии .. и [i] .. /i/ oder / ʲi/ .. i in Tisch
Йй .. и краткое .. /j/ .. j in jetzt
Кк .. ка [ka] .. /k/ oder /kʲ/ .. k in Katze
Лл .. эл [el] .. /l/ oder /lʲ/ .. l in lesen
Мм .. эм [ɛm] .. /m/ oder /mʲ/ .. m in Mantel
Нн .. эн [ɛn] .. /n/ oder /nʲ/ .. n in nicht
Оо .. о [o] .. /o/ .. o in rot
Пп .. пэ [pɛ] .. /p/ oder /pʲ/ .. p in putzen
Рр .. эр [ɛr] .. /r/ oder /rʲ/ .. knurrende r
Сс .. эс [ɛs] .. /s/ oder /sʲ/ .. s in was
Тт .. тэ [tɛ] .. /t/ oder /tʲ/ .. t in Tisch
Уу .. у [u] .. /u/ .. u in Schuh
Фф .. эф [ɛf] .. /f/ oder /fʲ/ .. f in fallen
Хх .. ха [xa] .. /x/ .. ch in hoch, soft ausatmen
Цц .. це [t͡sɛ] .. /t͡s/ .. z in Zoo
Чч .. че [t͡ɕe] .. /t͡ɕ/ .. tsch in Deutsch
Шш .. ша [ʃa] .. /ʃ/ .. sch in Tisch
Щщ .. ща [ɕɕa] .. /ɕ/ .. sch long und hart
Ъъ .. твёрдый знак .. /j/
Ыы .. ы [ɨ] .. [ɨ] .. i in Willy
Ьь .. мягкий знак .. / ʲ/
Ээ .. э [ɛ] .. /e/ .. e in Bett
Юю .. ю [ju] .. /ju/ oder / ʲu/ .. ju in jung
Яя .. я [ja] .. /ja/ oder / ʲa/ .. ja in jammern

Русское произношение
Russische Aussprache

Betonung
Feste Betonungsregeln gibt es im Russischen nicht. Nur ë ist immer betont. Deswegen ist es wichtig, die Betonung gleich beim Lernen der russischen Vokabeln zu merken. Betonte Vokale werden auf Russisch lang ausgesprochen. Unbetonte Vokale werden kurz ausgesprochen.

Vokale
Hart: а, о, у, ы, э
Weich: я, ё, ю, и, е
In folgenden Fällen werden weiche Vokale (außer 'и') auf Russisch mit einem j-Vorsatz ausgesprochen:
am Wortanfang wie in *ягода - jagada - Beere*
nach einem Vokal wie in *новая - nowaja - neue (weiblich)*
nach einem Weichzeichen (ь) *семья - ßimja - Familie*
nach einem Härtezeichen (ъ) *отъезд - otjezd - Abfahrt*

Aussprache von -o- im Russischen
Im Russischen wird der Buchstabe O deutlich als O ausgesprochen, wenn er betont wird. Die restlichen Os werden als reduzierte As ausgesprochen (d.h. kürzer und undeutlicher als ein betontes A). Im Wort "молоко" (Milch) wird nur das letzte O deutlich als O ausgesprochen, weil es betont ist. Die unbetonten Os werden hier als reduzierte As ausgesprochen. Das Wort "плохо" (schlecht) dagegen wird auf der ersten Silbe betont. Das unbetonte O am Ende wird als ein reduziertes A ausgesprochen.

Russische Konsonanten
Die meisten Konsonanten können im Russischen hart oder weich sein. Ob ein Konsonant hart oder weich ausgesprochen wird, erkennt man am darauf folgenden Buchstaben. Weich wird ein Konsonant, wenn ihm ein weicher Vokal (я, ё, ю, и, е) oder ein Weichzeichen (ь) folgt.
Harte Konsonanten:
борода - barada - Bart
рост - rost - Höhe
Weiche Konsonanten:
Валя - walia - Walia (Name)
любовь - lubov - Liebe
пить - pit - trinken
Immer hart sind die Konsonanten: ж, ш, ц
Immer weich sind die Konsonanten: ч, щ

Stimmhaft oder stimmlos
Im Russischen unterscheidet man zwischen stimmhaften und stimmlosen Konsonanten. Es gibt folgende Paare:
Stimmhaft: б, в, г, д, ж, з
Stimmlos: п, ф, к, т, ш, с
Stimmhafte russische Konsonanten werden stimmlos am Wortende und vor einem stimmlosen Konsonanten.
Beispiel stimmhaft:
дружба - druschba - Freundschaft
Beispiel stimmlos:
хлеб - chljep - Brot
идти - ittí - gehen
Immer stimmhaft sind: л, м, н, р, й
Immer stimmlos sind: х, ч, ц, щ.

1

У Роберта есть собака
Robert hat einen Hund

A

Слова
Vokabeln

1. авторучка - der Stift; авторучки - die Stifte
2. блокнот - das Notizbuch; блокноты - die Notizbücher
3. большой - groß
4. велосипед - das Fahrrad
5. глаз - das Auge; глаза - die Augen
6. гостиница - das Hotel; гостиницы - die Hotels
7. его - sein, seine; его кровать - sein Bett
8. звезда - der Stern
9. зелёный - grün
10. и / а - und
11. имеет - er/sie/es hat; Он имеет книгу. - Er hat ein Buch.
12. иметь - haben
13. книга - das Buch
14. комната - das Zimmer; комнаты - die Zimmer
15. кошка - die Katze
16. красивый - schön
17. Кристиан - Kristian (Name)
18. кровати - die Betten; кровать - das Bett
19. магазин - der Laden; магазины - die Läden
20. маленький - klein
21. мечта - der Traum
22. много - viel
23. мой (M), моя (F), моё (N), мои (Pl) - mein, meine, mein, meine
24. не - nicht
25. новый - neu
26. нос - die Nase
27. один - ein
28. окна - die Fenster; окно - das Fenster
29. он - er
30. они - sie (Pl)
31. парк - der Park; парки - die Parks
32. Паша - Pascha (Name)
33. Роберт - Robert (Name)

34. Санкт Петербург - St Peterburg
35. синий - blau
36. слова - die Wörter, die Vokabeln; слово - das Wort, die Vokabel
37. собака - der Hund
38. стол - der Tisch; столы - die Tische
39. студент - der Student; студенты - die Studenten
40. те - jene (Pl.)
41. текст - der Text
42. тоже, также - auch
43. тот (M), та (F), то (N) - jener, jene, jenes
44. у меня - ich habe, у нас - wir haben, у тебя / у вас - du hast / ihr habt, у Вас - Sie haben, у него - er / es hat, у неё - sie hat, у них - sie haben
45. улица - die Straße; улицы - die Straßen
46. чёрный - schwarz
47. четыре - vier
48. эти - diese
49. этот (M), эта (F), это (N) - dieser, diese, dieses; эта книга - dieses Buch
50. я - ich

B

У Роберта есть собака

Robert hat einen Hund

1.Этот студент имеет книгу. 2.Он имеет ручку также.

1.Dieser Student hat ein Buch. 2.Er hat auch einen Stift.

3.Санкт Петербург имеет много улиц и парков. 4.Эта улица имеет новые гостиницы и магазины. 5.Эта гостиница имеет четыре звезды. 6.Эта гостиница имеет много хороших больших комнат.

3.St Peterburg hat viele Straßen und Parks. 4.Diese Straße hat neue Hotels und Läden. 5.Dieses Hotel hat vier Sterne. 6.Dieses Hotel hat viele schöne, große Zimmer.

7.Та комната имеет много окон. 8.А эти комнаты не имеют много окон. 9.Эти комнаты имеют четыре кровати. 10.А те комнаты имеют одну кровать. 11.Та комната не имеет много столов. 12.А те комнаты имеют много больших столов.

7.Jenes Zimmer hat viele Fenster. 8.Und diese Zimmer haben nicht viele Fenster. 9.Diese Zimmer haben vier Betten. 10.Und diese Zimmer haben ein Bett. 11.Jenes Zimmer hat nicht viele Tische. 12.Und diese Zimmer haben viele große Tische.

13.Эта улица не имеет гостиниц. 14.Тот большой магазин не имеет много окон.

13.In dieser Straße sind keine Hotels. 14.Dieser große Laden hat viele Fenster.

15.Эти студенты имеют тетради. 16.Они имеют ручки также. 17.Роберт имеет одну маленькую чёрную тетрадь. 18.Кристиан имеет четыре новые зелёные тетради.

15.Diese Studenten haben Notizbücher. 16.Sie haben auch Stifte. 17.Robert hat ein kleines schwarzes Notizbuch. 18.Kristian hat vier neue grüne Notizbücher.

19.Этот студент имеет велосипед. 20.Он

19.Dieser Student hat ein Fahrrad. 20.Er

имеет новый синий велосипед. 21.Паша имеет велосипед тоже. 22.Он имеет красивый чёрный велосипед.
23.У Кристиана есть мечта. 24.У меня есть мечта тоже. 25.У меня нет собаки 26.У меня есть кошка. 27.У моей кошки красивые зелёные глаза. 28.У Роберта нет кошки. 29.У него есть собака. 30.У его собаки маленький чёрный нос.

hat ein neues blaues Fahrrad. 21.Pascha hat auch ein Fahrrad. 22.Er hat ein schönes schwarzes Fahrrad. 23.Kristian hat einen Traum. 24.Ich habe auch einen Traum. 25.Ich habe keinen Hund. 26.Ich habe eine Katze. 27.Meine Katze hat schöne grüne Augen. 28.Robert hat keine Katze. 29.Er hat einen Hund. 30.Sein Hund hat eine kleine schwarze Nase.

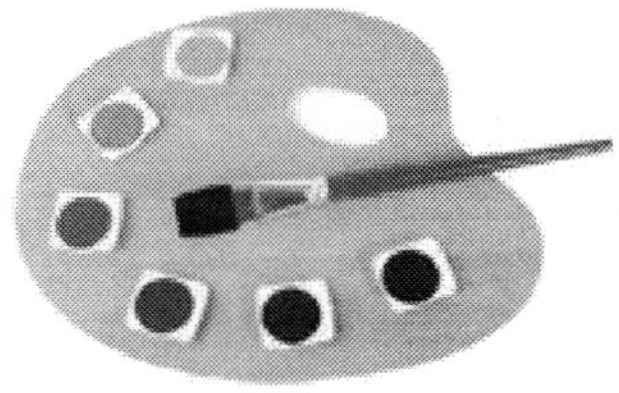

2

Они живут в Санкт Петербурге
Sie wohnen in St Peterburg

A

Слова
Vokabeln

1. большой - groß
2. брат - der Bruder
3. в - in
4. голодный - hungrig
5. город - die Stadt
6. два - zwei
7. жить - leben, wohnen
8. из, с, от - aus
9. Люба - Luba (Name)
10. мать - die Mutter
11. мы - wir
12. на - in, on, at
13. находится - ist, befindet sich; Магазин находится рядом. - Der Laden ist nah.
14. находятся - sind, befinden sich; Магазины находятся рядом. - Die Läden sind nah.
15. немец - der Deutsche, немка - die Deutsche
16. немецкий - deutsche
17. Норвегия - Norwegen
18. она - sie
19. покупать - kaufen
20. Россия - Russland
21. русский / россиянин (M) - Russe
22. русская / россиянка (F) - Russin
23. русский, российский (Adj) - russisch
24. сейчас - jetzt, zurzeit, gerade
25. сестра - die Schwester
26. супермаркет - der Supermarkt
27. сэндвич - das Sandwich
28. ты / Вы / вы - du / Sie / ihr

B

Они живут в Санкт Петербурге

Sie wohnen in St Peterburg

1.Санкт Петербург большой город. 2.Санкт Петербург находится в России.

1.St Peterburg ist eine große Stadt. 2.St Peterburg ist in Russland.

3.Это Роберт. 4.Роберт студент. 5.Он находится сейчас в Санкт Петербурге. 6.Роберт из Германии. 7.Он немец. 8.Роберт имеет мать, отца, брата и сестру. 9.Они живут в Германии.

3.Das ist Robert. 4.Robert ist Student. 5.Er ist zurzeit in St Peterburg. 6.Robert kommt aus Deutschland. 7.Er ist Deutscher. 8.Robert hat eine Mutter, einen Vater, einen Bruder und eine Schwester. 9.Sie leben in Deutschland.

10.Это Кристиан. 11.Кристиан студент тоже. 12.Он из Норвегии. 13.Он норвежец. 14.Кристиан имеет мать, отца и двух сестёр. 15.Они живут в Норвегии.

10.Das ist Kristian. 11.Kristian ist auch Student. 12.Er kommt aus Norwegen. 13.Er ist Norwege. 14.Kristian hat eine Mutter, einen Vater und zwei Schwestern. 15.Sie leben in Norwegen.

16.Роберт и Кристиан находятся сейчас в супермаркете. 17.Они голодные. 18.Они покупают сэндвичи.

16.Robert und Kristian sind gerade im Supermarkt. 17.Sie haben Hunger. 18.Sie kaufen Sandwichs.

19.Это Люба. 20.Люба русская. 21.Люба живёт в Санкт Петербурге тоже. 22.Она не студентка.

19.Das ist Luba. 20.Luba ist Russin. 21.Luba wohnt auch in St Peterburg. 22.Sie ist kein Student.

23.Я студент. 24.Я из Германии. 25.Я сейчас в Санкт Петербурге. 26.Я не голоден.

23.Ich bin Student. 24.Ich komme aus Deutschland. 25.Ich bin zurzeit in St Peterburg. 26.Ich habe keinen Hunger.

27.Ты студент. 28.Ты немец. 29.Ты сейчас не в Германии. 30.Ты в России.

27.Du bist Student. 28.Du bist Deutsche. 29.Du bist zurzeit nicht in Deutschland. 30.Du bist in Russland.

31.Мы студенты. 32.Мы сейчас в России.

31.Wir sind Studenten. 32.Wir sind zurzeit in Russland.

33.Это велосипед. 34.Велосипед синий. 35.Велосипед не новый.

33.Dies ist ein Fahrrad. 34.Das Fahrrad ist blau. 35.Das Fahrrad ist nicht neu.

36.Это собака. 37.Собака чёрная. 38.Собака не большая.

36.Dies ist ein Hund. 37.Der Hund ist schwarz. 38.Der Hund ist nicht groß.

39.Это магазины. 40.Магазины не большие. 41.Они маленькие. 42.Тот магазин имеет много окон. 43.Те магазины имеют не много окон.

39.Dies sind Läden. 40.Die Läden sind nicht groß. 41.Sie sind klein. 42.Dieser Laden hat viele Fenster. 43.Jene Läden haben nicht viele Fenster.

44.Та кошка находится в комнате. 45.Те кошки находятся не в комнате.

44.Die Katze ist im Zimmer. 45.Diese Katzen sind nicht im Zimmer.

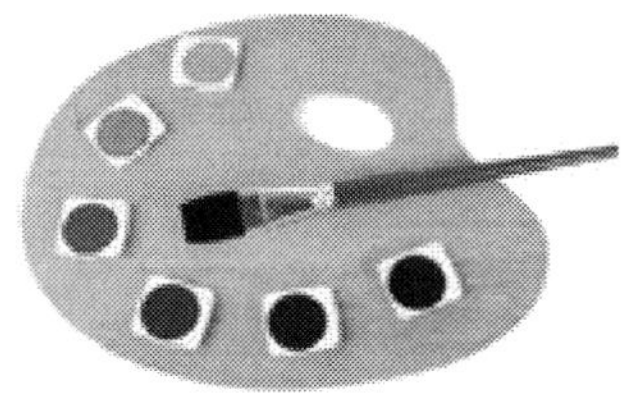

3

Они русские?

Sind sie Russen?

A

Слова

Vokabeln

1. все, всё - alle
2. Вы - Sie
3. где - wo
4. да - ja
5. дом - das Haus
6. её - ihr; её книга - ihr Buch
7. женщина - die Frau
8. животное - das Tier
9. как - wie
10. карта - die Karte
11. кафе - das Café
12. мальчик - der Junge
13. мужчина - der Mann
14. на - auf
15. наш - unser
16. нет - nein
17. никакой - nein
18. оно - es
19. парень - der Junge
20. россиянин / русский (M), россиянка / русская (F) - Russe / Russin, российский / русский (M) (Adj) - russische; русский язык - russische Sprache
21. сидиплеер - der CD-Spieler
22. сколько - wieviel
23. старый - alt
24. ты / вы - du / ihr
25. у, около, в - am, beim

B

Они русские?

1

- Я парень. Я в комнате.
- Ты русский?
- Нет. Я немец.
- Ты студент?
- Да. Я студент.

2

- Это женщина. Женщина в комнате - тоже.
- Она немка?
- Нет. Она русская.
- Она студентка?
- Нет. Она не студентка.

3

- Это человек. Он за столом.
- Он русский?
- Да. Он русский.

4

- Это студенты. Они в парке.
- Они все русские?
- Нет. Это норвежцы, русские и немцы.

5

- Это стол. Он большой.
- Он новый?
- Да. Он новый.

6

- Это кошка. Она в комнате.
- Она чёрная?
- Да. Она чёрная и красивая.

7

- Это велосипеды. Они возле дома.
- Они чёрные?
- Да. Они чёрные.

8

- Ты имеешь тетрадь?
- Да.
- Сколько тетрадей ты имеешь?
- Я имею две тетради.

Sind sie Russen?

1

- *Ich bin ein Junge. Ich bin im Zimmer.*
- *Bist du Russe?*
- *Nein, ich bin nicht Russe. Ich bin Deutscher.*
- *Bist du Student?*
- *Ja, ich bin Student.*

2

- *Das ist eine Frau. Die Frau ist auch im Zimmer.*
- *Ist sie Deutsche?*
- *Nein, sie ist nicht Deutsche. Sie ist Russin.*
- *Ist sie Studentin?*
- *Nein, sie ist nicht Studentin.*

3

- *Das ist ein Mann. Er sitzt am Tisch.*
- *Ist er Russe?*
- *Ja, er ist Russe.*

4

- *Das sind Studenten. Sie sind im Park.*
- *Sind sie alle Russen?*
- *Nein, sie sind nicht alle Russen. Sie sind Deutsche, Russen und Norwegen.*

5

- *Das ist ein Tisch. Er ist groß.*
- *Ist er neu?*
- *Ja, er ist neu.*

6

- *Das ist eine Katze. Sie ist im Zimmer.*
- *Ist sie schwarz?*
- *Ja, das ist sie. Sie ist schwarz und schön.*

7

- *Das sind Fahrräder. Sie stehen beim Haus.*
- *Sind sie schwarz?*
- *Ja, sie sind schwarz.*

8

- *Hast du ein Notizbuch?*

9

- Имеет он ручку?
- Да.
- Сколько ручек имеет он?
- Он имеет одну ручку.

10

- Имеет она велосипед?
- Да.
- Её велосипед синий?
- Нет. Её велосипед не синий. Он зелёный.

11

- Ты имеешь русскую книгу?
- Нет. Я не имею русскую книгу. Я не имею никакой книги.

12

- Она имеет кошку?
- Нет. Она не имеет кошку. Она не имеет никаких животных.

13

- Вы имеете CD-плеер?
- Нет, мы не имеем. Мы не имеем никакого CD-плеера.

14

- Где наша карта?
- Наша карта в комнате.
- Она на столе?
- Да, она на столе.

15

- Где мальчики?
- Они в кафе.
- Где велосипеды?
- Они возле кафе.
- Где Кристиан?
- Он в кафе тоже.

- Ja.
- Wie viele Notizbücher hast du?
- Ich habe zwei Notizbücher.

9

- Hat er einen Stift?
- Ja.
- Wie viele Stifte hat er?
- Er hat einen Stift.

10

- Hat sie ein Fahrrad?
- Ja.
- Ist ihr Fahrrad blau?
- Nein, es ist nicht blau. Es ist grün.

11

- Hast du ein russisches Buch?
- Nein, ich habe kein russisches Buch. Ich habe keine Bücher.

12

- Hat sie eine Katze?
- Nein, sie hat keine Katze. Sie hat kein Tier.

13

- Habt ihr einen CD-Spieler?
- Nein, wir haben keinen CD-Spieler.

14

- Wo ist unsere Karte?
- Unsere Karte ist im Zimmer.
- Liegt sie auf dem Tisch?
- Ja, sie liegt auf dem Tisch.

15

- Wo sind die Jungs?
- Sie sind im Café.
- Wo sind die Fahrräder?
- Sie stehen vor dem Café.
- Wo ist Kristian?
- Er ist auch im Café.

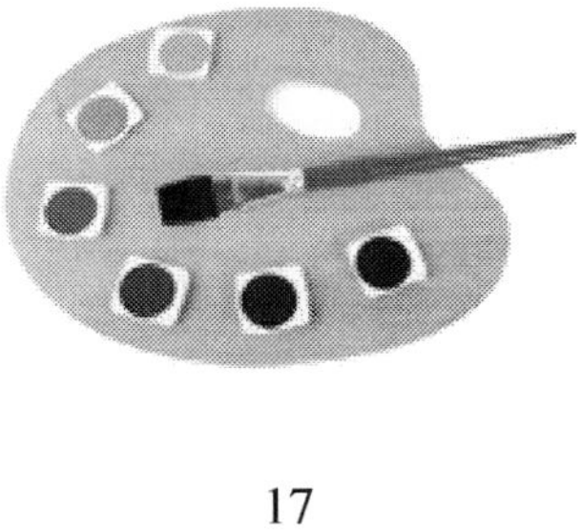

4

Пожалуйста, Вы можете помочь?
Können Sie mir bitte helfen?

A

Слова
Vokabeln

1. адрес - die Adresse
2. банк - die Bank
3. благодарить - danken; Благодарю вас. - Danke. Спасибо. - Danke.
4. брать, взять - nehmen
5. возможно - wahrscheinlich, können; Я, возможно, пойду в банк. - Ich kann zur Bank gehen.
6. говорить - sprechen
7. давать - geben
8. для - für
9. должен - müssen; Я должен идти. - Ich muss gehen.
10. ехать - fahren
11. играть - spielen
12. идти / ходить - gehen
13. или - oder
14. к, в, на - zu; Я иду в банк. - Ich gehe zur Bank.
15. место - der Platz, помещать - legen
16. мне - mir
17. можно - dürfen, können; Можно Вам помочь? - Kann ich Ihnen helfen?
18. мочь, уметь - können; Я умею / могу читать. - Ich kann lesen.
19. надо / нужно (+ Dative) - brauchen
20. (на)писать - schreiben

21. (на)учиться - lernen
22. нельзя (+ Dative) - nicht dürfen; Ему нельзя работать. - Er darf nicht arbeiten.
23. но - aber
24. пожалуйста - bitte
25. (по)ложить - legen
26. помощь - die Hilfe; помочь - helfen
27. работа - Arbeit; работать - arbeiten
28. садиться - sich setzen; сидеть - sitzen
29. свой - *ersetzt alle Possessivpronomen (Singular und Plural), wenn das Subjekt im Satz der Besitzer des Objektes ist:* Я использую свой компьютер. - *Ich benutze mein (eigener) Komputer.*
30. учить / изучать - lernen
31. читать - lesen

B

Пожалуйста, Вы можете помочь?

1

- Пожалуйста, Вы можете мне помочь?
- Да.
- Я не могу написать адрес по-русски. Вы можете написать его для меня?
- Да.
- Спасибо.

2

- Ты умеешь играть в теннис?
- Нет, не умею. Но я могу научиться. Ты можешь помочь мне научиться?
- Да. Я могу помочь тебе научиться играть в теннис.
- Спасибо.

3

- Ты умеешь говорить по-русски?
- Я умею говорить и читать, но не умею писать.
- Ты умеешь говорить, читать и писать по-немецки?
- Я умею говорить, читать и писать по-немецки.

4

- Люба умеет говорить по-немецки?
- Нет, не умеет. Она русская.

5

- Умеют они говорить по-русски?
- Да, умеют немного. Они студенты и

Können Sie mir bitte helfen?

1

- *Können Sie mir bitte helfen?*
- *Ja, das kann ich.*
- *Ich kann die Adresse nicht auf Russisch schreiben. Können Sie sie für mich schreiben?*
- *Ja, das kann ich.*
- *Danke.*

2

- *Kannst du Tennis spielen?*
- *Nein. Aber ich kann es lernen. Kannst du mir dabei helfen?*
- *Ja, ich kann dir helfen, Tennis spielen zu lernen.*
- *Danke.*

3

- *Sprichst du Russisch?*
- *Ich kann Russisch sprechen und lesen, aber nicht schreiben.*
- *Sprichst du Deutsch?*
- *Ich kann Deutsch sprechen, lesen und schreiben.*

4

- *Kann Luba auch Deutsch?*
- *Nein, sie kann kein Deutsch. Sie ist Russin.*

5

- *Sprechen sie Russisch?*
- *Ja, ein bisschen. Sie sind Studenten und*

учат русский.
- Этот мальчик не умеет говорить по-русски.

6

- Где они?
- Они играют сейчас в теннис.
- Мы можем тоже поиграть?
- Да, мы можем поиграть.

7

- Где Роберт?
- Он, возможно, в кафе.

8

- Садитесь за этот стол, пожалуйста.
- Спасибо. Можно я положу свои книги на тот стол?
- Да.
- Можно Кристиану сесть за её стол?
- Да.

9

- Можно мне сесть на её кровать?
- Нет, нельзя.
- Можно Любе взять его CD-плеер?
- Нет. Ей нельзя брать его CD-плеер.
- Можно им взять её карту?
- Нет, не надо.

10

- Тебе нельзя садиться на её кровать.
- Ей нельзя брать его CD-плеер.
- Им нельзя брать эти тетради.

11

- Я должен идти в банк.
- Должен ты идти сейчас?
- Да.

12

- Ты должен изучать немецкий язык?
- Мне не надо изучать немецкий. Я должен изучать русский.

13

- Должна она идти в банк?
- Нет. Ей не обязательно идти в банк.

14

- Можно мне взять этот велосипед?
- Нет, тебе нельзя брать этот велосипед.

lernen Russisch.
- Dieser Junge spricht kein Russisch.

6

- Wo sind sie?
- Sie spielen gerade Tennis.
- Können wir auch spielen?
- Ja, das können wir.

7

- Wo ist Robert?
- Er ist vielleicht im Café.

8

- Setzen Sie sich an diesen Tisch, bitte.
- Danke. Kann ich meine Bücher auf diesen Tisch legen?
- Ja.
- Darf Kristian sich an ihren Tisch setzen?
- Ja, das darf er.

9

- Darf ich mich auf ihr Bett setzen?
- Nein, das darfst du nicht.
- Darf Luba seinen CD-Spieler nehmen?
- Nein, sie darf seinen CD-Spieler nicht nehmen.
- Dürfen sie ihre Karte nehmen?
- Nein, das dürfen sie nicht.

10

- Du darfst dich nicht auf ihr Bett setzen.
- Sie darf seinen CD-Spieler nicht nehmen.
- Sie dürfen diese Notizbücher nicht nehmen.

11

- Ich muss zur Bank gehen.
- Musst du jetzt gehen?
- Ja.

12

- Musst du Deutsch lernen?
- Ich muss nicht Deutsch lernen. Ich muss Russisch lernen.

13

- Muss sie zur Bank gehen?
- Nein, sie muss nicht zur Bank gehen.

14

- Darf ich dieses Fahrrad nehmen?
- Nein, du darfst dieses Fahrrad nicht

15

- Можно нам положить эти тетради на её кровать?
- Нет. Вам нельзя положить тетради на её кровать.

nehmen.

15

- *Dürfen wir diese Notizbücher auf ihr Bett legen?*
- *Nein, ihr dürft die Notizbücher nicht auf ihr Bett legen.*

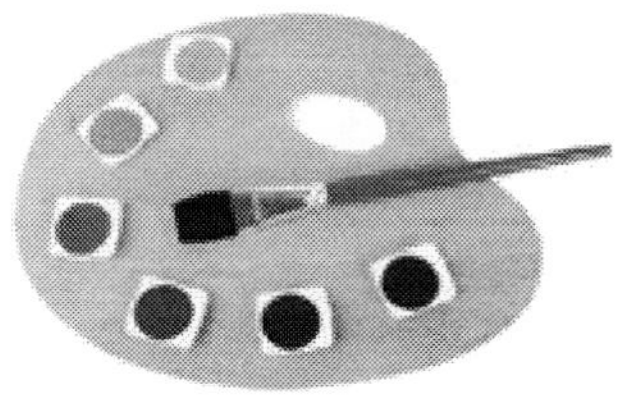

5

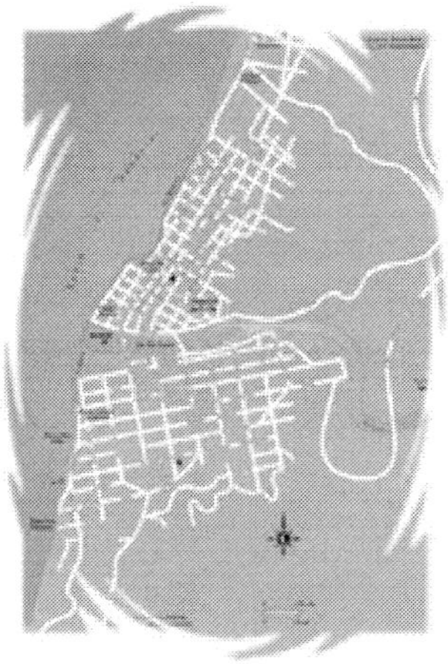

Роберт живёт теперь в России
Robert wohnt jetzt in Russland

A

Слова
Vokabeln

1. Аня - Anya (Name)
2. восемь - acht
3. газета - die Zeitung
4. девочка, девушка - das Mädchen
5. завтрак - das Frühstück; завтракать - frühstücken
6. идти / ходить - gehen
7. какой-нибудь - irgendein
8. кушать, есть - essen
9. ли - ob; Может ли он помочь? - Ob er helfen kann?
10. любить - mögen, lieben
11. любой - jeder
12. люди - die Menschen
13. мебель - die Möbel
14. музыка - die Musik
15. надо, нужно - brauchen
16. несколько, немного - ein paar
17. пить - trinken
18. площадь - der Platz
19. пять - fünf
20. семь - sieben
21. слушать - hören; Я слушаю музыку. - Ich höre Musik.
22. стул - der Stuhl
23. там - dort (Platz)
24. три - drei
25. туда - dorthin (Richtung)
26. ферма - der Bauernhof
27. хороший / хорошо - gut
28. хотеть - wollen
29. чай - der Tee
30. шесть - sechs

B

Роберт теперь живёт в России

1

Люба читает по-русски хорошо. Я читаю по-русски тоже. Студенты идут в парк. Она идёт в парк тоже.

2

Мы живём в Санкт Петербурге. Кристиан сейчас тоже живёт в Санкт Петербурге. Его мать и отец живут в Норвегии. Роберт сейчас тоже живёт в России. Его мать и отец живут в Германии.

3

Студенты играют в теннис. Кристиан играет хорошо. Роберт не играет хорошо.

4

Мы пьём чай. Люба пьёт зелёный чай. Паша пьёт чёрный чай. Я пью чёрный чай тоже.

5

Я слушаю музыку. Аня слушает музыку тоже. Она любит слушать хорошую музыку.

6

Мне нужно шесть тетрадей. Паше надо семь тетрадей. Любе надо восемь тетрадей.

7

Аня хочет пить. Я тоже хочу пить. Кристиан хочет есть.

8

На столе есть газета. Кристиан берёт её и читает. Он любит читать газеты.

9

В комнате есть немного мебели. Там шесть столов и шесть стульев.

10

В комнате три девушки. Они едят завтрак. Аня ест хлеб и пьёт чай. Она любит зелёный чай.

Robert wohnt jetzt in Russland

1

Luba liest gut Russisch. Ich lese auch Russisch. Die Studenten gehen in den Park. Sie geht auch in den Park.

2

Wir wohnen in St Peterburg. Kristian wohnt jetzt auch in St Peterburg. Sein Vater und seine Mutter leben in Norwegen. Robert wohnt jetzt in St Peterburg auch. Sein Vater und seine Mutter leben in Deutschland.

3

Die Studenten spielen Tennis. Kristian spielt gut. Robert spielt nicht gut.

4

Wir trinken Tee. Luba trinkt grünen Tee. Pascha trinkt schwarzen Tee. Ich trinke auch schwarzen Tee.

5

Ich höre Musik. Ania hört auch Musik. Sie hört gerne gute Musik.

6

Ich brauche sechs Notizbücher. Pascha braucht sieben Notizbücher. Luba braucht acht Notizbücher.

7

Ania will etwas trinken. Ich will auch etwas trinken. Kristian will etwas essen.

8

Dort liegt eine Zeitung auf dem Tisch. Kristian nimmt sie und liest. Er liest gerne Zeitung.

9

Im Zimmer gibt es Möbel. Es gibt dort sechs Tische und sechs Stühle.

10

Es sind drei Mädchen im Zimmer. Sie frühstücken. Ania isst Brot und trinkt Tee. Sie mag grünen Tee.

11

На столе есть несколько книг. Они не новые. Они старые.

12

- Есть ли банк на этой улице?
- Да. На этой улице пять банков. Эти банки не большие.

13

- Есть ли люди на площади?
- Да. На площади есть несколько людей.

14

- Есть ли велосипеды возле кафе?
- Да. Возле кафе четыре велосипеда. Они не новые.

15

- Есть ли на этой улице гостиница?
- Нет. На этой улице нет гостиниц.

16

- Есть ли большие магазины на этой улице?
- Нет. На этой улице нет больших магазинов.

17

- Есть ли фермы в России?
- Да. В России много ферм.

18

- Есть ли мебель в той комнате?
- Да. Там есть четыре стола и несколько стульев.

11

Auf dem Tisch liegen ein paar Bücher. Sie sind nicht neu. Sie sind alt.

12

- Ist in dieser Straße eine Bank?
- Ja. Es gibt fünf Banken in dieser Straße. Sie sind nicht groß.

13

- Sind Menschen auf dem Platz?
- Ja, auf dem Platz sind ein paar Menschen.

14

- Stehen Fahrräder vor dem Café?
- Ja, es stehen vier Fahrräder vor dem Café. Sie sind nicht neu.

15

- Gibt es in dieser Straße ein Hotel?
- Nein, es gibt keine Hotels in dieser Straße.

16

- Gibt es in dieser Straße große Läden?
- Nein, es gibt keine großen Läden in dieser Straße.

17

- Gibt es in Russland Bauernhöfe?
- Ja, es gibt viele Bauernhöfe in Russland.

18

- Sind Möbel in diesem Zimmer?
- Ja, es sind dort vier Tische und einige Stühle.

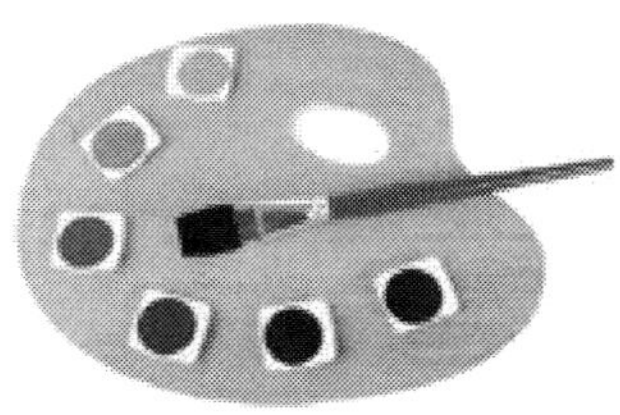

6

У Роберта много друзей
Robert hat viele Freunde

A

Слова
Vokabeln

1. агентство - die Agentur
2. (во)внутрь - hinein
3. дверь - die Tür
4. друг - der Freund
5. ездить - fahren
6. женщины - der Frau (Dat)
7. знать - kennen, wissen
8. идти - kommen / gehen
9. карта мужчины - der Plan des Mannes
10. компакт-диск - die CD
11. компьютер - der Computer
12. кофе - der Kaffee
13. Кристиана - Kristians
14. мало - wenig
15. мамин - der Muti (Dat)
16. машина - das Auto
17. много - viel, viele
18. Николай - Nikolai (Name)
19. очень - sehr
20. папа - der Vater, папин - Vatis (Dat)
21. Паши - Paschas; книга Паши - Paschas Buch
22. плита кухонная - der Herd
23. под - unter
24. работа - die Arbeit; агентство по трудоустройству - die Arbeitsvermittlung
25. Роберта - Roberts
26. свободный - frei
27. сказать - sagen
28. также, тоже - auch
29. чистый - sauber; чистить - putzen

В

Роберт имеет много друзей

1
Роберт имеет много друзей. Друзья Роберта ходят в кафе. Они любят пить кофе. Друзья Роберта пьют много кофе.

2
Папа Кристиана имеет автомобиль. Папин автомобиль чистый, но старый. Папа Кристиана ездит много. Он имеет хорошую работу и у него сейчас много работы.

3
Паша имеет много дисков. Диски Паши на его кровати. Сиди-плеер Паши тоже на его кровати.

4
Роберт читает русские газеты. На столе в комнате Роберта много газет.

5
Аня имеет кошку и собаку. Кошка Ани в комнате под кроватью. Собака Ани тоже в комнате.

6
В этом автомобиле есть человек. Этот человек имеет карту. Карта этого человека большая. Этот человек ездит много.

7
Я студент. Я имею много свободного времени. Я иду в агентство по трудоустройству. Мне нужна хорошая работа. У Кристиана и Роберта есть немного свободного времени. Они тоже идут в агентство по труду. Кристиан имеет компьютер. Агентство может дать Кристиану хорошую работу.

8
Люба имеет новую кухонную плиту. Плита Любы хорошая и чистая. Она готовит завтрак для своих детей. Аня и Паша - дети Любы. Дети Любы пьют

Robert hat viele Freunde

1
Robert hat viele Freunde. Roberts Freunde gehen ins Café. Sie trinken gerne Kaffee. Roberts Freunde trinken viel Kaffee.

2
Kristians Vater hat ein Auto. Das Auto seines Vaters ist sauber, aber alt. Kristians Vater fährt viel Auto. Er hat eine gute Arbeit und im Moment viel zu tun.

3
Pascha hat viele CDs. Paschas CDs liegen auf seinem Bett. Paschas CD-Spieler ist auch auf seinem Bett.

4
Robert liest Russische Zeitungen. Auf dem Tisch in Roberts Zimmer liegen viele Zeitungen.

5
Ania hat eine Katze und einen Hund. Anias Katze ist im Zimmer unter dem Bett. Anias Hund ist auch im Zimmer.

6
In dem Auto ist ein Mann. Der Mann hat eine Karte. Die Karte des Mannes ist groß. Dieser Mann fährt viel Auto.

7
Ich bin Student. Ich habe viel Freizeit. Ich gehe zu einer Arbeitsvermittlung. Ich brauche einen guten Job. Kristian und Robert haben ein bisschen freie Zeit. Sie gehen auch zu der Arbeitsvermittlung. Kristian hat einen Computer. Die Agentur wird ihm vielleicht eine gute Arbeit geben.

8
Luba hat einen neuen Herd. Lubas Der Herd ist gut und sauber. Luba macht Frühstück für ihre Kinder. Ania und Pascha sind Lubas Kinder. Lubas Kinder trinken viel Tee. Die Mutter trinkt ein

много чая. Мама пьёт немного кофе. Мама Ани может сказать очень мало русских слов. Она говорит по-русски очень мало. Люба имеет работу. У неё мало свободного времени.

9

Роберт может говорить по-русски мало. Роберт знает мало русских слов. Я знаю много русских слов. Я могу говорить по-русски немного. Эта женщина знает много русских слов. Она может говорить по-русски хорошо.

10

Николай работает в агентстве по трудоустройству. Это агентство по трудоустройству находится в Санкт Петербурге. Николай имеет машину. Машина Николая на улице. У Николая много работы. Он должен ехать в агентство. Он едет туда. Николай входит в агентство. Там много студентов. Им нужна работа. Работа Николая - помогать студентам.

11

Возле гостиницы стоит машина. Двери машины не чистые. Много студентов живёт в этой гостинице. Комнаты гостиницы маленькие, но чистые. Это комната Роберта. Окно комнаты большое и чистое.

bisschen Kaffee. Anias Mutter kann nur ein paar Wörter auf Deutsch. Sie spricht sehr wenig Deutsch. Luba hat Arbeit. Sie hat wenig Freizeit.

9

Robert spricht wenig Russisch. Er kennt nur sehr wenige russische Wörter. Ich kenne viele russische Wörter. Ich spreche ein bisschen Russisch. Diese Frau kennt viele russische Wörter. Sie spricht gut Russisch.

10

Nikolai arbeitet in einer Arbeitsvermittlung. Diese Arbeitsvermittlung ist in St Peterburg. Nikolai hat ein Auto. Nikolais Auto steht an der Straße. Nikolai hat viel Arbeit. Er muss in die Agentur gehen. Er fährt mit dem Auto dorthin. Nikolai kommt in die Agentur. Dort sind viele Studenten. Sie brauchen Arbeit. Nikolais Arbeit ist, den Studenten zu helfen.

11

Vor dem Hotel steht ein Auto. Die Türen des Autos sind nicht sauber.
In diesem Hotel wohnen viele Studenten. Die Zimmer des Hotels sind klein, aber sauber. Das ist Roberts Zimmer. Das Fenster des Zimmers ist groß und sauber.

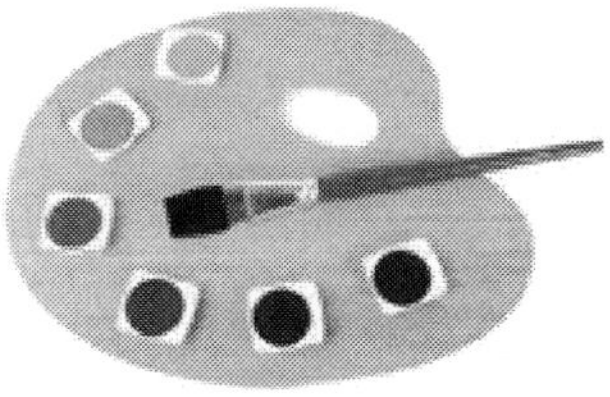

7

Паша покупает велосипед
Pascha kauft ein Fahrrad

A

Слова
Vokabeln

1. автобус - der Bus
2. ванная комната - das Bad, das Badezimmer; ванна - die Badewanne; ванный столик - der Badezimmertisch
3. воскресенье - Sonntag
4. время - die Zeit; время идёт - die Zeit läuft
5. делать - machen
6. чаеварка - Teemaschine
7. дом - das Zuhause
8. ехать на велосипеде - Fahrrad fahren, mit dem Fahrrad fahren
9. занимать время - Zeit nehmen; Это занимает пять минут. - Es nimmt fünf Minuten.
10. Здорово! - Toll!
11. кухня - die Küche
12. лицо - das Gesicht
13. нравиться (passive form +Dative) - gefallen; Она мне нравится. - Sie gefällt mir.
14. один за другим - einer nach dem anderen
15. офис - das Büro
16. очередь - die Schlange
17. поездка - Fahrt
18. покупка - Einkauf
19. потом, тогда, затем - dann; после этого - danach
20. поэтому - deshalb
21. проводить время - Zeit verbringen
22. рабочий - der Arbeiter
23. с - mit

24. сегодня - heute
25. спорт - der Sport; спортивный магазин - das Sportgeschäft, спортивный велосипед - das Sportfahrrad
26. стиральная машина - die Waschmaschine
27. тормозок - der Imbiss
28. умываться - waschen
29. утро - der Morgen
30. фирма - die Firma
31. центр - das Zentrum; центр города - das Stadtzentrum

B

Паша покупает велосипед

Воскресное утро. Паша идёт в ванную. Ванная комната не большая. Там есть ванна, стиральная машина и ванный столик. Паша умывается. Потом он идёт на кухню. На кухонном столе стоит чаеварка. Паша завтракает. Воскресный завтрак Паши не большой. Затем он готовит чай с помощью чаеварки и пьёт его. Сегодня он хочет пойти в спортивный магазин. Паша выходит на улицу. Он садится на автобус семь. Поездка на автобусе в магазин занимает немного времени.

Паша входит в спортивный магазин. Он хочет купить новый спортивный велосипед. Там есть множество спортивных байков. Они чёрные, синие и зелёные. Паше нравятся синие байки. Он хочет купить синий. В магазине очередь. Покупка байка занимает у Паши много времени. Потом он выходит на улицу и едет на байке. Он едет в центр города. Затем из центра города он едет в городской парк. Это так здорово ехать на новом спортивном байке!

Воскресное утро, но Николай в своём офисе. У него сегодня много работы. В офис Николая стоит очередь. В очереди много студентов и рабочих. Им нужна

Pascha kauft ein Fahrrad

Es ist Samstagmorgen. Pascha geht ins Bad. Das Badezimmer ist nicht groß. Dort gibt es eine Badewanne, eine Waschmaschine und einen Badezimmertisch. Pascha wäscht sich das Gesicht. Dann geht er in die Küche. Auf dem Küchentisch steht ein Teekessel. Pascha frühstückt. Paschas Frühstück ist nicht groß. Dann macht er Kaffee mit der Kaffeemaschine und trinkt ihn. Er will heute in ein Sportgeschäft. Pascha geht auf die Straße. Er nimmt den Bus 7. Pascha braucht nicht lange, um mit dem Bus zum Laden zu fahren.

Pascha geht in das Sportgeschäft. Er will sich ein neues Sportfahrrad kaufen. Es gibt viele Sportfahrräder. Sie sind schwarz, blau und grün. Pascha mag blaue Fahrräder. Er will ein blaues kaufen. Im Laden ist eine Schlange. Pascha braucht lange, um das Fahrrad zu kaufen. Dann geht er auf die Straße und fährt mit dem Fahrrad. Er fährt ins Stadtzentrum. Dann fährt er vom Zentrum in den Stadtpark. Es ist so schön, mit einem neuen Sportfahrrad zu fahren!

Es ist Samstagmorgen, aber Nikolai ist in seinem Büro. Er hat heute viel zu tun. Vor Nikolais Büro ist eine Schlange. In der Schlange stehen viele Studenten und Arbeiter. Sie brauchen Arbeit. Sie gehen einer nach dem anderen in Nikolais Büro.

работа. Они заходят один за другим в офис Николая. Они разговаривают с Николаем. Затем он даёт адреса фирм. Сейчас время перерыва. Николай готовит кофе при помощи кофеварки. Он ест свою еду и пьёт кофе. Сейчас в его офис нет очереди. Николай может идти домой. Он выходит на улицу. Сегодня так хорошо! Николай идёт домой. Он берёт своих детей и идёт в городской парк. Они здорово проводят там время.

Sie sprechen mit Nikolai. Dann gibt er ihnen Adressen von Firmen.
Jetzt ist Zeit für einen Imbiss. Nikolai macht Kaffee mit der Kaffeemaschine. Er isst seinen Imbiss und trinkt Kaffee. Jetzt ist keine Schlange mehr vor seinem Büro. Nikolai kann nach Hause gehen. Er geht auf die Straße. Es ist so ein schöner Tag! Nikolai geht nach Hause. Er holt seine Kinder ab und geht in den Stadtpark. Dort haben sie eine schöne Zeit.

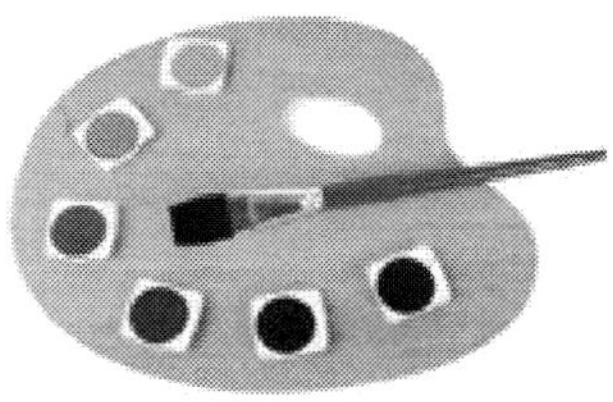

8

Люба хочет купить новый DVD
Luba will eine neue DVD kaufen

A

Слова
Vokabeln

1. более; больше - mehr
2. видеодиск - die DVD
3. видеокассета - die Videokassette
4. видеомагазин - die Videothek
5. двадцать - zwanzig
6. длинный - lang
7. дружелюбный - freundlich
8. интересный - interessant
9. любимый - Lieblings-
10. молодой - jung
11. приблизительно, около - etwa
12. показывать - zeigen
13. приключение - das Abenteuer
14. продавец / продавщица - der Verkäufer / die Verkäuferin
15. просить - bitten
16. пятнадцать - fünfzehn
17. рука - Hand
18. самый - meist
19. сказать - sagen
20. спросить - fragen
21. США - die USA
22. узнать - erfahren
23. уходить - weggehen
24. фильм - der Film
25. час - die Stunde
26. чашка - die Tasse
27. чем - als; Николай старше чем Люба. - Nikolai ist älter als Liuba.
28. что - dass; Я знаю, что эта книга интересная. - Ich weiß, dass dieses Buch interessant ist.
29. ящик - die Kiste

B

Люба хочет купить новый DVD

Паша и Аня - дети Любы. Аня - младший ребёнок. Ей пять лет. Паша на пятнадцать лет старше Ани. Ему двадцать лет. Аня намного младше Паши.

Аня, Люба и Паша на кухне. Они пьют чай. Чашка Ани большая. Чашка Любы больше. Чашка Паши самая большая.

У Любы много видеокассет и DVD с интересными фильмами. Она хочет купить более новый фильм. Она идёт в видеомагазин. Там много коробок с видеокассетами и DVD. Она просит продавца помочь ей. Продавец даёт Любе какие-то кассеты. Люба хочет узнать больше об этих фильмах, но продавец уходит. В магазине есть ещё одна продавщица, и она более дружелюбная. Она спрашивает Любу о её любимых фильмах. Любе нравятся романтические и приключенческие фильмы. Фильм «Титаник» - это её самый любимый фильм. Продавщица показывает Любе кассету с самым новым голливудским фильмом «Американский друг». Он о романтических приключениях мужчины и молодой женщины в США. Она также показывает Любе DVD с фильмом «Фирма». Продавщица говорит, что фильм «Фирма» - это один из самых интересных фильмов. И это также один из самых длинных фильмов. Он длится более трёх часов. Любе нравятся фильмы подлиннее. Она говорит, что «Титаник» - это самый интересный и самый длинный фильм, который у неё есть. Люба покупает DVD с фильмом «Фирма». Она благодарит продавщицу и уходит.

Luba will eine neue DVD kaufen

Pascha und Ania sind Lubas Kinder. Ania ist die Jüngste. Sie ist fünf. Pascha ist fünfzehn Jahre älter als Ania. Er ist zwanzig. Ania ist viel jünger als Pascha.

Ania, Luba und Pascha sind in der Küche. Sie trinken Tee. Anias Tasse ist groß. Lubas Tasse ist größer. Paschas Tasse ist am größten.

Luba hat viele Videokassetten und DVDs mit interessanten Filmen. Sie will einen neueren Film kaufen. Sie geht in eine Videothek. Dort sind viele Kisten mit Videokassetten und DVDs. Sie bittet einen Verkäufer, ihr zu helfen. Der Verkäufer gibt Luba ein paar Filme. Luba will mehr über diese Filme wissen, aber der Verkäufer geht weg. Es gibt eine andere Verkäuferin im Laden und sie ist freundlicher. Sie fragt Luba nach ihren Lieblingsfilmen. Luba mag romantische Filme und Abenteuerfilme. Der Film "Titanic" ist ihr Lieblingsfilm. Die Verkäuferin zeigt Luba eine DVD mit dem neusten Hollywoodfilm "Der amerikanische Freund". Er handelt von den romantischen Abenteuern eines Mannes und einer jungen Frau in den USA. die USA Sie zeigt Luba auch eine DVD mit dem Film "Die Firma". Die Verkäuferin sagt, dass der Film "Die Firma" einer der interessantesten Filme ist. Und auch einer der längsten. Er dauert mehr als drei Stunden. Luba mag längere Filme. Sie sagt, dass "Titanic" der interessanteste und der längste Film ist, den sie hat. Luba kauft die DVD mit dem Film "Die Firma". Sie bedankt sich bei der Verkäuferin und geht.

9

Кристиан слушает немецкую музыку
Kristian hört deutsche Musik

A

Слова
Vokabeln

1. Анжела - Angela
2. бежать - rennen, joggen, laufen
3. возле - in der Nähe
4. направляться / идти - gehen
5. день - der Tag
6. звонить по телефону - anrufen
7. имя - der Name; название - der Name (für Sachen); называть - nennen
8. Испания - Spanien
9. каждый - jeder, jede, jedes
10. Кэрол - Carol
11. масло - die Butter
12. минута - die Minute
13. начинать - anfangen
14. неисправен - außer Betrieb
15. общежитие - das Studentenwohnheim
16. певец (M), певица (F) - der Sänger
17. перед - vor
18. петь - singen
19. платье - Kleidung
20. потому что - weil
21. примерно - etwa
22. простой - einfach
23. прыгать - springen; прыжок - der Sprung
24. семья - die Familie
25. стыдиться - sich schämen; ему стыдно - er schämt sich
26. сумка - die Tasche
27. телефон - das Telefon; звонить - telefonieren
28. фраза - der Satz
29. хлеб - das Brot
30. шляпа - der Hut

B

Кристиан слушает немецкую музыку

Кэрол студентка. Ей двадцать лет. Кэрол из Испании. Она живёт в студенческом общежитии. Она очень милая девушка. Кэрол носит голубое платье. На её голове шляпка.

Кэрол хочет сегодня позвонить своей семье. Она направляется на переговорный пункт, потому что её телефон неисправен. Переговорный пункт находится перед кафе. Кэрол звонит своей семье. Она разговаривает со своими мамой и папой. Телефонный звонок занимает у неё примерно пять минут. Затем она звонит своей подруге Анжеле. Этот телефонный звонок занимает у неё примерно три минуты.

Роберт любит спорт. Он бегает каждое утро в парке возле общежития. Сегодня он тоже бегает. Он также прыгает. Его прыжки очень длинные. Кристиан и Паша бегают и прыгают с Робертом. Прыжки Паши длиннее. Прыжки Кристиана самые длинные. Он прыгает лучше всех. Потом Роберт и Кристиан бегут в общежитие, а Паша бежит домой.

Роберт завтракает в своей комнате. Он берёт хлеб и масло. Он готовит кофе при помощи кофеварки. Потом он намазывает хлеб маслом и ест.

Роберт живёт в общежитии в Санкт Петербурге. Его комната возле комнаты Кристиана. Комната Роберта не большая. Она чистая, потому что Роберт убирает её каждый день. В комнате стол, кровать, несколько стульев и ещё немного другой мебели. Тетради и книги Роберта на столе. Его сумка под столом. Стулья возле стола. Роберт берёт в руку несколько компакт-

Kristian hört deutsche Musik

Carol ist Studentin. Sie ist zwanzig. Carol kommt aus Spanien. Sie wohnt im Studentenwohnheim. Sie ist ein sehr nettes Mädchen. Carol hat ein blaues Kleid an. Auf dem Kopf hat sie einen Hut.

Carol will heute ihre Familie anrufen. Sie geht ins Callcenter, weil ihr Telefon außer Betrieb ist. Das Callcenter ist vor dem Café. Carol ruft ihre Familie an. Sie spricht mit ihrer Mutter und ihrem Vater. Der Anruf dauert etwa fünf Minuten. Dann ruft sie ihre Freundin Angela an. Dieser Anruf dauert etwa drei Minuten.

Robert mag Sport. Er geht jeden Morgen im Park in der Nähe des Studentenwohnheims joggen. Heute läuft er auch. Er springt auch. Er springt sehr weit. Kristian und Pascha laufen und springen mit Robert. Pascha springt weiter. Kristian springt am weitesten. Er springt am besten von allen. Dann laufen Robert und Kristian zum Studentenwohnheim und Pascha nach Hause.

Robert frühstückt in seinem Zimmer. Er holt Brot und Butter. Er macht Kaffee mit der Kaffeemaschine. Dann bestreicht er das Brot mit Butter und isst.

Robert wohnt im Studentenwohnheim in St Peterburg. Sein Zimmer ist in der Nähe von Kristians Zimmer. Roberts Zimmer ist nicht groß. Es ist sauber, weil Robert es jeden Tag sauber macht. In seinem Zimmer stehen ein Tisch, ein Bett, ein paar Stühle und ein paar andere Möbel. Roberts Bücher und Notizbücher liegen auf dem Tisch. Seine Tasche ist unter dem Tisch. Die Stühle stehen am Tisch. Robert nimmt

дисков и идёт к Кристиану, потому что Кристиан хочет послушать немецкую музыку.
Кристиан в своей комнате за столом. Его кот под столом. Перед котом лежит немного хлеба. Кот ест хлеб. Роберт даёт компакт-диски Кристиану. На этих компакт-дисках лучшая немецкая музыка. Кристиан также хочет узнать имена немецких певцов. Роберт называет своих любимых певцов. Он называет Блюмхен, Нену и Сандру. Эти имена новые для Кристиана. Он слушает компакт-диски и потом начинает напевать немецкие песни! Ему очень нравятся эти песни. Кристиан просит Роберта написать слова песен. Роберт пишет слова лучших немецких песен для Кристиана. Кристиан говорит, что он хочет выучить слова некоторых немецких песен и просит Роберта помочь. Роберт помогает Кристиану учить немецкие слова. Это занимает много времени, потому что Роберт не умеет хорошо говорить по-русски. Роберту стыдно. Он не может сказать некоторые простые фразы! Потом Роберт идёт в свою комнату и учит русский.

ein paar CDs in die Hand und geht zu Kristians Zimmer, weil Kristian deutsche Musik hören will.
Kristian sitzt in seinem Zimmer am Tisch. Seine Katze ist unter dem Tisch. Vor der Katze liegt etwas Brot. Die Katze isst das Brot. Robert gibt Kristian die CDs. Auf den CDs ist die beste deutsche Musik. Kristian will auch die Namen der deutschen Sänger wissen. Robert nennt seine Lieblingssänger. Er nennt Blümchen, Nena and Sandra. Diese Namen sind Kristian neu. Er hört die CDs an und beginnt dann, die deutschen Lieder zu singen! Ihm gefallen die Lieder sehr. Kristian bittet Robert, den Text der Lieder aufzuschreiben. Robert schreibt die Texte der besten deutschen Lieder für Kristian auf. Kristian sagt, dass er die Texte von ein paar Liedern lernen will, und bittet Robert um Hilfe. Robert hilft Kristian, die deutschen Texte zu lernen. Es dauert sehr lange, weil Robert nicht gut Russisch spricht. Robert schämt sich. Er kann nicht mal ein paar einfache Sätze sagen! Dann geht Robert in sein Zimmer und lernt Russisch.

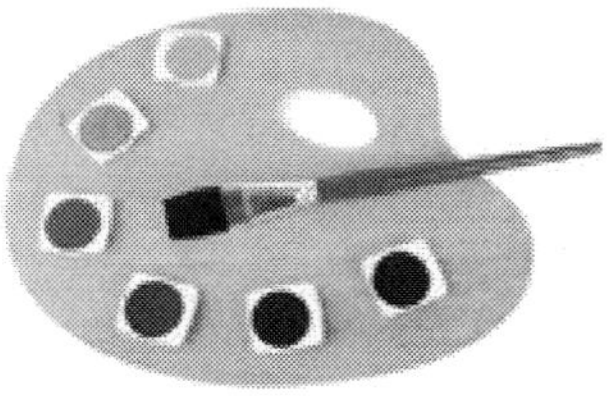

10

Кристиан покупает учебники по дизайну
Kristian kauft Fachbücher über Design

A

Слова
Vokabeln

1. ближайший - der nechste, in der Nähe
2. видеть - sehen
3. выбирать - wählen, aussuchen
4. действительно - wirklich
5. дизайн - das Design
6. его - ihn (Akkusativ), sein(e) (Possessivpronomen); Я знаю его. - Ich kenne ihn. Это его книга. - Das ist sein Buch.
7. ему - ihm
8. её - sie (Akkusativ), ihr(e) (Possessivpronomen); Я знаю её. - Ich kenne sie. Это её книга. - Das ist ihr Buch.
9. ей - ihr (Dativ); Я хочу подарить ей эти цветы. - Ich möchte ihr diese Blumen schenken.
10. (за)платить - zahlen
11. здравствуйте - hallo
12. итальянский - Italienische
13. их - sie (Akkusativ), ihr(e) (Possessivpronomen); Я знаю их. - Ich kenne sie. Это их книги. - Das sind ihre Bücher.
14. им - ihnen (Dativ)
15. картин(к)а, изображение - das Foto, das Bild
16. объяснять / объяснить - erklären; Вы можете объяснить это? - Können Sie das erklären?
17. пока - tschüss
18. получать - bekommen, kriegen, erhalten
19. прекрасный - schön
20. программа - das Programm
21. род - die Art
22. родной язык - die Muttersprache

23. рубль - Rubl (russisches Geld)
24. смотреть - schauen, betrachten
25. стоить - kosten
26. суббота - Samstag
27. только - nur
28. университет - die Universität
29. урок - die Unterrichtsstunde, die Aufgabe
30. учебник - das Fachbuch
31. учить(-ся) - studieren, lernen
32. язык - die Sprache

B

Кристиан покупает учебник по дизайну

Кристиан норвежец и норвежский его родной язык. Он изучает дизайн в университете в Санкт Петербурге.

Сегодня суббота и у Кристиана много свободного времени. Он хочет купить несколько книг. Он идёт в ближайший книжный магазин. У них могут быть учебники по дизайну. Он входит в магазин и смотрит на столы с книгами. К Кристиану подходит женщина. Она - продавщица.

«Здравствуйте. Могу я Вам помочь?» спрашивает продавщица.

«Здравствуйте,» говорит Кристиан, «Я изучаю дизайн в университете. Мне нужно несколько учебников. Есть у вас какие-либо учебники по дизайну?» спрашивает её Кристиан.

«Какого рода дизайн? У нас есть учебники по мебельному дизайну, автомобильному дизайну, спортивному дизайну, по дизайну для Интернета,» объясняет она ему.

«Не могли бы Вы показать учебники по мебельному дизайну и дизайну для Интернета?» говорит ей Кристиан.

«Вы можете выбрать книги с ближайшего стола. Взгляните на них. Это книга итальянского мебельного дизайнера Палатино. Этот дизайнер объясняет дизайн итальянской мебели. Он также объясняет мебельный дизайн Европы и США. Здесь есть также красивые изображения,»

Kristian kauft Fachbücher über Design

Kristian ist Norwege und seine Muttersprache ist Norwegisch. Er studiert Design an der Universität in St Peterburg.

Heute ist Samstag und Kristian hat viel Freizeit. Er will ein paar Bücher über Design kaufen. Er geht zum Buchladen in der Nähe. Der könnte Fachbücher über Design haben. Er kommt in den Laden und betrachtet den Tisch mit Büchern. Eine Frau kommt zu Kristian. Sie ist eine Verkäuferin.

"Hallo, kann ich Ihnen helfen?" fragt ihn die Verkäuferin.

"Hallo", sagt Kristian. "Ich studiere Design an der Universität. Ich brauche ein paar Fachbücher. Haben Sie irgendwelche Fachbücher über Design?" fragt Kristian sie.

"Welche Art von Design? Wir haben Fachbücher über Möbeldesign, Autodesign, Sportdesign oder Internetdesign", erklärt sie ihm.

"Können Sie mir Fachbücher über Möbeldesign und Internetdesign zeigen?" fragt Kristian sie.

"Sie können sich Bücher von den nächsten Tischen aussuchen. Schauen Sie sie sich an. Dies ist ein Buch von dem italienischen Möbeldesigner Palatino. Dieser Designer erklärt das Design italienischer Möbel. Er erklärt auch

объясняет продавщица.
«Я вижу, в книге есть также несколько уроков. Эта книга действительно хорошая. Сколько она стоит?» спрашивает её Кристиан.
«Она стоит 520 рублей. И Вы также получаете с книгой компакт-диск. На компакт-диске компьютерная программа для дизайна мебели,» говорит ему продавщица.
«Она мне действительно нравится,» говорит Кристиан.
«Здесь Вы можете посмотреть учебники по дизайну для Интернета,» объясняет ему женщина, «Эта книга о компьютерной программе «Майкрософт Офис». А эти книги о компьютерной программе «Флэш». Взгляните на эту красную книгу. Она о «Флэш» и тут есть несколько интересных уроков. Выбирайте пожалуйста.»
«Сколько стоит эта красная книга?» спрашивает её Кристиан.
«Эта книга с двумя компакт-дисками стоит только 430 рублей,» говорит ему продавщица.
«Я хочу купить книгу Палатино о мебельном дизайне и эту красную книгу о «Флэш». Сколько я должен заплатить за них?» спрашивает Кристиан.
«За эти две книги Вы должны заплатить 950 рублей,» говорит ему продавщица.
Кристиан платит. Затем он берёт книги и компакт-диски.
«До свидания,» говорит ему продавщица.
«До свидания,» говорит ей Кристиан и выходит на улицу.

europäisches und amerikanisches Möbeldesign. In dem Buch sind einige gute Bilder", erklärt die Verkäuferin.
"Ich sehe, dass das Buch auch Aufgaben enthält. Dieses Buch ist wirklich gut. Wie viel kostet es?" fragt Kristian sie.
"Es kostet 520 Rubl. Und mit dem Buch kommt eine CD. Auf der CD ist ein Computerprogramm für Möbeldesign", sagt die Verkäuferin.
"Das gefällt mir wirklich", sagt Kristian.
"Dort können Sie sich ein paar Fachbücher über Internetdesign anschauen", erklärt ihm die Frau.
"Dieses Buch ist über das Computerprogramm Microsoft Office. Und diese Bücher sind über das Computerprogramm Flash. Schauen Sie sich dieses rote Buch an. Es ist über Flash und es enthält einige interessante Lektionen. Suchen Sie sich eins aus."
"Wie viel kostet das rote Buch?" fragt Kristian sie.
"Dieses Buch mit zwei CDs kostet nur 430 Rubl", sagt die Verkäuferin.
"Ich möchte das Buch von Palatino über Möbeldesign und das rote Buch über Flash kaufen. Wie viel muss ich dafür zahlen?" fragt Kristian.
"Sie müssen 950 Rubl für diese zwei Bücher zahlen", sagt die Verkäuferin.
Kristian zahlt. Dann nimmt er die Bücher und die CDs.
"Tschüss", sagt die Verkäuferin zu ihm.
"Tschüss", sagt Kristian und geht.

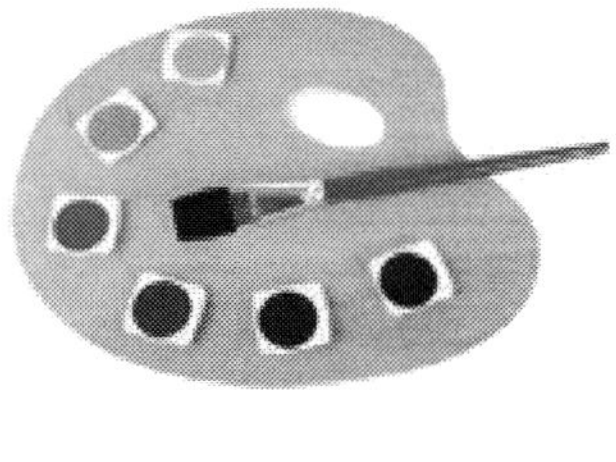

11

Роберт хочет заработать немного денег (часть 1)
Robert will ein bisschen Geld verdienen (Teil 2)

A

Слова
Vokabeln

1. быстро - schnell, быстрый - schnelle(r)
2. в - pro; Я зарабатываю 100 рублей в час. - Ich verdiene zehn Rubl pro Stunde.
3. грузить - beladen, грузчик - der Verlader, грузовик - der Lastwagen
4. день - der Tag
5. ещё один - noch einen
6. ежедневно - täglich, jeden Tag
7. записка - die Notiz
8. зарабатывать - verdienen
9. конец - das Ende; кончать - beenden
10. лучше - besser
11. номер - die Nummer
12. обычный - normal; обычно - normalerweise
13. ответ - die Antwort, отвечать - antworten, erwidern
14. отдел кадров - die Personalabteilung
15. понимать - verstehen
16. после - nach
17. почему - warum
18. продолжение следует - Fortsetzung folgt
19. руководитель / руководительница - der Leiter / die Leiterin
20. список - die Liste
21. так как - weil, denn, da
22. транспорт - der Transport
23. трудный - schwer
24. хорошо - gut, alles klar
25. час - die Stunde; ежечасно - stündlich; час - Uhr; Два часа. - Es ist zwei Uhr.
26. часть - der Teil
27. энергия - die Energie
28. ящик - die Kiste

B

Роберт хочет заработать немного денег (часть 1)

У Роберта есть свободное время ежедневно после университета. Он хочет заработать немного денег. Он идёт в агентство по трудоустройству. Ему дают адрес транспортной фирмы. Транспортной фирме «Рапид» нужен грузчик. Эта работа действительно тяжёлая. Но они платят 200 рублей в час. Роберт хочет получить эту работу. Поэтому он идёт в офис транспортной фирмы.

«Здравствуйте. У меня есть для Вас записка от агентства по трудоустройству,» говорит Роберт женщине в отделе кадров этой фирмы. Он даёт ей записку.

«Здравствуйте,» говорит женщина, «Меня зовут Светлана Велина. Я руководитель отдела кадров. Как Ваше имя?»

«Меня зовут Роберт Геншер,» говорит Роберт.

«Вы не русский?» спрашивает Светлана.

«Нет. Я немец,» отвечает Роберт.

«Можете ли Вы хорошо говорить и читать по-русски?» спрашивает она.

«Да,» говорит он.

«Роберт, сколько тебе лет?» спрашивает она.

«Мне двадцать лет,» отвечает Роберт.

«Ты хочешь работать в транспортной фирме грузчиком. Почему грузчиком?» спрашивает его руководитель отдела кадров.

Роберту стыдно сказать, что он не может получить лучшую работу, потому что не говорит по-русски хорошо. Поэтому он говорит: «Я хочу зарабатывать 200 рублей в час.»

«Так-так,» говорит Светлана, «На нашей

Robert will ein bisschen Geld verdienen (Teil 1)

Robert hat jeden Tag nach der Universität freie Zeit. Er will ein bisschen Geld verdienen. Er geht in eine Arbeitsvermittlung. Sie geben ihm die Adresse einer Transportfirma. Die Transportfirma Rapid braucht einen Verlader. Diese Arbeit ist wirklich schwer. Aber sie bezahlen 200 Rubl pro Stunde. Robert will den Job annehmen. Also geht er zum Büro der Transportfirma. "Hallo. Ich habe eine Notiz für Sie von einer Arbeitsvermittlung", sagt Robert zu einer Frau in der Personalabteilung der Firma. Er gibt ihr die Notiz.

"Hallo", sagt die Frau. "Ich bin Swetlana Welina. Ich bin die Leiterin der Personalabteilung. Wie heißen Sie?"

"Ich heiße Robert Genscher", sagt Robert.

"Sind Sie Russe?" fragt Swetlana.

"Nein, ich bin Deutscher", antwortet Robert.

"Können Sie gut Russisch sprechen und schreiben?" fragt sie.

"Ja", sagt er.

"Wie alt sind Sie?", fragt sie.

"Ich bin zwanzig", antwortet Robert.

"Wollen Sie in der Transportfirma als Verlader arbeiten?" fragt ihn die Leiterin der Personalabteilung.

Robert schämt sich, zu sagen, dass er keine bessere Arbeit haben kann, weil er nicht gut Russisch spricht. Deswegen sagt er: "Ich möchte 200 Rubl pro Stunde verdienen."

"Na gut", sagt Swetlana.

транспортной фирме обычно не много погрузочной работы. Однако сейчас нам действительно нужен ещё один грузчик. Можешь ли ты быстро грузить ящики с 20 килограммами груза?»
«Да. У меня много энергии,» отвечает Роберт.
«Нам нужен грузчик ежедневно на три часа. Можешь ли ты работать с четырёх до семи часов?» спрашивает она.
«Да, мои занятия заканчиваются в час,» отвечает ей студент.
«Когда ты можешь начать работу?» спрашивает его руководитель отдела кадров.
«Я могу начать сейчас,» отвечает Роберт.
«Ну что же. Посмотри на этот погрузочный список. В списке названия нескольких фирм и магазинов,» объясняет Светлана, «Каждая фирма и магазин имеют несколько номеров. Это - номера ящиков. А это номера грузовиков, куда ты должен погрузить эти ящики. Грузовики приезжают и уезжают каждый час. Поэтому тебе надо работать быстро. Понятно?»
«Понятно,» отвечает Роберт не очень хорошо понимая Светлану.
«Теперь бери этот погрузочный лист и иди к погрузочной двери номер три,» говорит Роберту руководитель отдела кадров. Роберт берёт погрузочный лист и идёт работать.

(продолжение следует)

"Normalerweise hat unsere Transportfirma nicht viel Verladearbeit. Aber gerade brauchen wir wirklich noch einen Verlader. Können Sie schnell Kisten mit 20 Kilogramm Ladung verladen?"
"Ja, das kann ich. Ich habe viel Energie", antwortet Robert.
"Wir brauchen einen Verlader für drei Stunden täglich. Können Sie von vier bis sieben Uhr arbeiten?" fragt sie.
"Ja, mein Unterricht endet um ein Uhr", antwortet der Student.
"Wann können Sie anfangen, zu arbeiten?" fragt ihn die Leiterin der Personalabteilung.
"Ich kann jetzt anfangen", erwidert Robert.
"Gut. Schauen Sie sich diese Ladeliste an. Dort stehen Namen von Firmen und Läden", erklärt Swetlana. "Bei jeder Firma und jedem Laden stehen ein paar Nummern. Das sind die Nummern der Kisten. Und das sind die Nummern der Lastwägen, auf die Sie die Kisten laden müssen. Die Lastwägen kommen und gehen stündlich. Sie müssen also schnell arbeiten. Alles klar?"
"Alles klar", antwortet Robert, ohne Swetlana richtig zu verstehen.
"Nehmen Sie jetzt diese Ladeliste und gehen Sie zur Ladetür Nummer drei", sagt die Leiterin der Personalabteilung zu Robert. Robert nimmt die Ladeliste und geht arbeiten.

(Fortsetzung folgt)

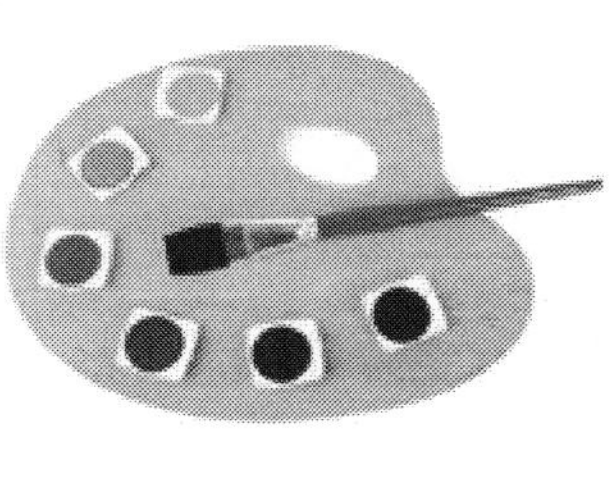

12

Роберт хочет заработать немного денег (часть 2)
Robert will ein bisschen Geld verdienen (Teil 2)

A

Words
Vokabeln

1. вместо - anstelle von; вместо тебя - an deiner Stelle
2. водить - fahren, водитель - der Fahrer
3. возвращаться - zurückkommen
4. вставать - aufstehen; Вставай! - Steh auf!
5. встречать(ся) - treffen, kennenlernen
6. господин - Herr; г-н Иванов - Hr. Iwanow
7. доход - das Einkommen
8. жаль (+Dative) - leid tun; Мне жаль. - Es tut mir leid.
9. же - doch, ja, aber; Возьмите же эту книгу. - Nehmen Sie doch dieses Buch.
10. здесь - hier (Ort), сюда - hierher (Richtung), вот - hier ist / sind
11. знакомиться - kennenlernen; Рад(а) с Вами познакомиться. - Ich bin froh Sie kennenzulernen.
12. идти - gehen
13. их - ihr
14. ладно - gut, alles klar
15. мама - Mama, die Mutter
16. назад, обратно - zurück
17. ненавидеть - hassen
18. плохой - schlecht
19. понедельник - Montag
20. пора - es ist an die Zeit, es ist soweit
21. правильный - richtig(er); правильно - richtig
22. неправильно - falsch; исправлять - korrigieren
23. привозить - bringen; привозя - bringend

24. причина - der Grund
25. рад - froh
26. сожалеть - leid tun; Я сожалею. - Es tut mir leid.
27. сын - der Sohn
28. твой - dein (Possessiv), ваш - euer, Ваш - Ihr
29. учитель - der Lehrer

B

Роберт хочет заработать немного денег (часть 2)

Возле погрузочной двери номер три - много грузовиков. Они возвращаются назад, привозя обратно свои грузы. Руководитель отдела кадров и руководитель фирмы приходят туда. Они подходят к Роберту. Роберт грузит ящики в грузовик. Он работает быстро.
«Эй, Роберт! Подойди сюда, пожалуйста,» зовёт его Светлана, «Это руководитель фирмы господин Доход.»
«Рад с Вами познакомиться,» говорит Роберт подходя к ним.
«Я тоже,» отвечает господин Доход, «Где твой погрузочный список?»
«Вот он,» Роберт даёт ему погрузочный список.
«Так-так,» говорит господин Доход глядя в список, «Посмотри на эти грузовики. Они возвращаются, привозя обратно свои грузы, потому что ты грузишь ящики неправильно. Ящики с книгами едут в мебельный магазин вместо книжного магазина, ящики с видеокассетами и DVD едут в кафе вместо видеомагазина, а коробки с бутербродами едут в видеомагазин вместо кафе! Это плохая работа! Мне жаль, но ты не можешь работать на нашей фирме,» говорит господин Доход и идёт обратно в офис.
Роберт не может грузить ящики правильно, потому что он может прочитать и понять очень мало русских

Robert will ein bisschen Geld verdienen (Teil 2)

An der Ladetür Nummer 3 stehen viele Lastwagen. Sie kommen mit ihrer Ladung zurück. Die Leiterin der Personalabteilung und der Firmenchef kommen dorthin. Sie gehen zu Robert. Robert lädt Kisten in einen Lastwagen. Er arbeitet schnell.
"Hey, Robert! Komm bitte hierher!" ruft Swetlana. "Das ist der Chef der Firma, Hr. Dochod."
"Es freut mich, Sie kennenzulernen", sagt Robert auf sie zugehend.
"Mich auch", antwortet Hr. Dochod. "Wo ist Ihre Ladeliste?"
"Hier ist sie", Robert gibt ihm die Ladeliste.
"Na gut", sagt Hr. Dochod, während er auf die Liste schaut. "Sehen Sie diese Lastwagen? Sie bringen ihre Fracht zurück, weil Sie die Kisten falsch verladen haben. Die Kisten mit Büchern werden zu einem Möbelladen gebracht anstelle von einem Buchladen, die Kisten mit Videos und DVDs zu einem Café anstelle von einer Videothek und die Kisten mit Sandwiches zu einer Videothek anstelle von einem Café! Das ist schlechte Arbeit! Es tut mir leid, aber Sie können nicht in unserer Firma arbeiten", sagt Herr Dochod und geht zurück in sein Büro.
Robert kann die Kisten nicht richtig verladen, weil er nur sehr wenig Russisch lesen und verstehen kann. Swetlana schaut ihn an. Robert schämt sich.

слов. Светлана смотрит на него. Роберту стыдно.
«Роберт, ты можешь выучить русский лучше и затем прийти снова. Хорошо?» говорит Светлана.
«Хорошо,» отвечает Роберт, «До свидания Светлана.»
«До свидания Роберт,» отвечает Светлана.
Роберт идёт домой. Он хочет теперь выучить русский лучше и потом получить новую работу.

Пора идти в университет

В понедельник утром мама заходит в комнату разбудить своего сына.
«Вставай, семь часов. Пора идти в университет!»
«Но почему, мама? Я не хочу идти.»
«Назови мне две причины почему ты не хочешь идти,» говорит мама сыну.
«Студенты ненавидят меня - раз, и учителя ненавидят меня тоже!»
«Ах, это не причины не идти в университет. Вставай!»
«Ладно. Назови мне две причины почему я должен идти в университет,» говорит он своей маме.
«Ну, во-первых, тебе 55 лет. А во-вторых, ты руководитель университета! Вставай сейчас же!»

"Robert, du kannst dein Russisch verbessern und dann wiederkommen, ok?," sagt Swetlana.
"Ok", antwortet Robert. "Tschüss Swetlana".
"Tschüss Robert", antwortet Swetlana.
Robert geht nach Hause. Er will jetzt sein Russisch verbessern und sich dann eine neue Arbeit suchen.

Es ist an der Zeit, in die Uni zu gehen

An einem Montagmorgen kommt eine Mutter ins Zimmer, um ihren Sohn aufzuwecken.
"Steh auf, es ist sieben Uhr. Es ist an der Zeit, in die Uni zu gehen!"
"Aber warum, Mama? Ich will nicht gehen."
"Nenne mir zwei Gründe, warum du nicht gehen willst", sagt die Mutter zu ihrem Sohn.
"Die Studenten hassen mich und die Lehrer auch!"
"Oh, das sind keine Gründe, um nicht in die Uni zu gehen. Steh auf!"
"Ok. Nenn mir zwei Gründe, warum ich in die Uni muss", sagt er zu seiner Mutter.
"Gut, einerseits, weil du 55 Jahre alt bist. Und andererseits, weil du der Direktor der Universität bist! Steh jetzt auf!"

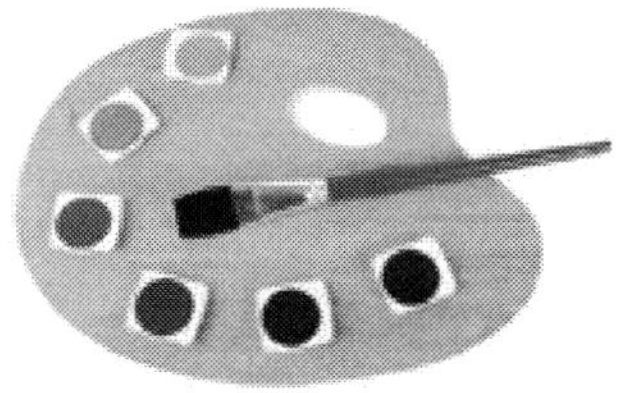

Das Erste Russische Lesebuch

Fortgeschrittene Anfänger Stufe A2

Gratulation! Sie haben das Ende der Grundstufe erreicht!
Wir würden uns über Ihr Feedback auf Amazon freuen.

13

Название гостиницы
Der Name des Hotels

A

Слова

1. вечер - der Abend
2. видеть - sehen
3. вниз - nach unten
4. вокруг - rund
5. Германия - der Deutschland
6. глупый - dumm
7. другой - ein anderer, eine andere, ein anderes
8. здание - das Gebäude
9. идти - gehen
10. из - von, aus
11. Каспер - Kasper (Name)
12. лифт - der Aufzug
13. лучший - beste
14. мимо - vorbei
15. мост - die Brücke
16. над - über
17. наружу - nach draussen
18. находить - finden
19. ночь - die Nacht
20. озеро - der See
21. останавливать(ся) - anhalten
22. открывать - öffnen
23. показывать - zeigen
24. потом - dann
25. прочь - weg
26. путь - der Weg
27. реклама - die Werbung
28. сейчас - jetzt, zurzeit, gerade
29. сердитый - wütend
30. снова, опять - wieder
31. спать - schlafen

32. стоять - stehen
33. ступня - der Fuß
34. пешком - zu Fuß
35. такси - das Taxi
36. водитель такси - der Taxifahrer
37. удивление - die Überraschung
38. удивлять - überraschen
39. удивлённый - überrascht, verwundert
40. уже - schon
41. улыбка - das Lächeln
42. улыбаться - lächeln
43. уставший - müde
44. Форд - Ford
45. через - hindurch

B

Название гостиницы

Это студент. Его имя Каспер. Каспер из Польши. Он не умеет говорить по-русски. Он хочет учить русский язык в университете в России. Каспер живёт сейчас в гостинице в Санкт Петербурге.
Он сейчас в своей комнате. Он смотрит на карту. Это очень хорошая карта. Каспер видит на карте улицы, площади и магазины. Он выходит из комнаты и идёт по коридору к лифту. Лифт опускает его вниз. Каспер проходит через большой холл и выходит из гостиницы. Он останавливается возле гостиницы и записывает название гостиницы в свою записную книжку.
Возле гостиницы находится круглая площадь и озеро. Каспер идёт через площадь к озеру. Он идёт вокруг озера к мосту. Много легковых автомобилей, грузовиков и пешеходов идут через мост. Каспер проходит под мостом. Затем он идёт по улице к центру города. Он проходит мимо красивых зданий.
Уже вечер. Каспер устал. Он хочет идти назад в гостиницу. Он останавливает такси, затем открывает свой блокнот и показывает название гостиницы таксисту. Таксист смотрит в блокнот, улыбается и уезжает. Каспер не может этого понять. Он стоит и смотрит в свой блокнот. Потом он останавливает другое

Der Name des Hotels

Das ist ein Student. Er heißt Kasper. Kasper kommt aus Polen. Er spricht kein Russisch. Er will an einer Universität in Russland Russisch lernen. Kasper wohnt zurzeit in einem Hotel in St Peterburg.
Gerade ist er in seinem Zimmer. Er schaut auf die Karte. Diese Karte ist sehr gut. Kasper sieht Straßen, Plätze und Läden auf der Karte. Er geht aus dem Zimmer und durch den langen Gang zum Aufzug. Der Aufzug bringt ihn nach unten. Kasper geht durch die große Halle und aus dem Hotel. Er hält in der Nähe des Hotels an und schreibt den Namen des Hotels in sein Notizbuch.
Beim Hotel gibt es einen runden Platz und einen See. Kasper geht über den Platz zum See. Er geht um den See zur Brücke. Viele Autos, Lastwägen und Menschen überqueren die Brücke. Kasper geht unter der Brücke hindurch. Dann geht er eine Straße entlang zum Stadtzentrum. Er geht an vielen schönen Gebäuden vorbei.
Es ist schon Abend. Kasper ist müde und will zurück ins Hotel gehen. Er hält ein Taxi an, öffnet dann sein Notizbuch und zeigt dem Taxifahrer den Namen des Hotels. Der Taxifahrer schaut in das Notizbuch, lächelt und fährt weg. Kasper versteht nichts. Er steht da und schaut in sein Notizbuch. Dann hält er ein anderes Taxi an und zeigt dem

такси и снова показывает таксисту название гостиницы. Таксист смотрит в блокнот. Потом он смотрит на Каспера, улыбается и уезжает тоже. Каспер удивляется. Он останавливает другое такси. Но это такси тоже уезжает прочь. Каспер ничего не может понять. Он удивлён и рассержен. Но он не глуп. Он открывает свою карту и находит путь к гостинице. Он приходит обратно в гостиницу пешком.

Ночь. Каспер в своей кровати. Он спит. В комнату через окно смотрят звёзды. Блокнот на столе. Он открыт. «Форд - лучший автомобиль». Это не название гостиницы. Это реклама на здании гостиницы.

Taxifahrer wieder den Namen des Hotels. Der Fahrer schaut in das Notizbuch. Dann schaut er Kasper an, lächelt und fährt auch weg. Kasper ist verwundert. Er hält ein anderes Taxi an. Aber auch dieser Taxifahrer fährt weg. Kasper kann das nicht verstehen. Er ist verwundert und wütend. Aber er ist nicht dumm. Er öffnet seine Karte und findet den Weg zum Hotel. Er kehrt zu Fuß zum Hotel zurück.

Es ist Nacht. Kasper ist in seinem Bett. Er schläft. Die Sterne schauen durch das Fenster ins Zimmer. Das Notizbuch liegt auf dem Tisch. Es ist offen. "Ford ist das beste Auto". Das ist nicht der Name des Hotels. Das ist Werbung am Hotelgebäude.

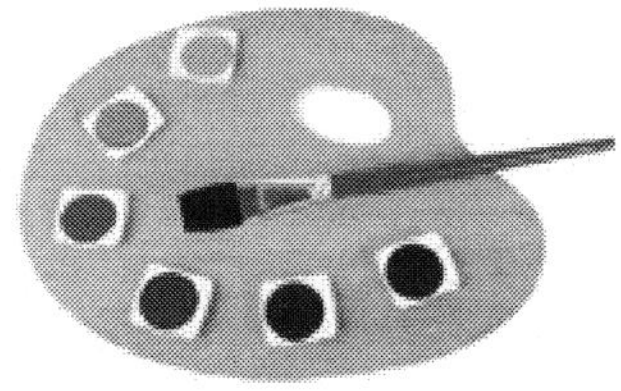

14

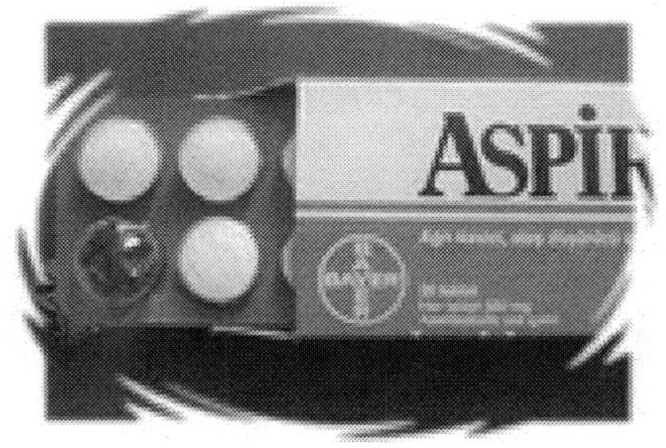

Аспирин
Aspirin

A

Слова

1. аптека - die Apotheke
2. аспирин - das Aspirin
3. белый - weiß
4. бумага - das Papier
5. вонючий - stinkend
6. десять - zehn
7. думать - denken
8. задача - die Aufgabe
9. классная комната - das Klassenzimmer
10. конечно - natürlich
11. кристалл - das Kristall
12. лист - das Blatt
13. на протяжении - im Verlauf, während
14. несколько, немного - einige
15. общежитие - das Studentenwohnheim
16. парень - der Junge
17. перерыв - die Pause
18. письменный стол - der Schreibtisch
19. пол-девятого - halb neun
20. половина - halb
21. получить - (etwas) erhalten
22. после - nach
23. поэтому - deshalb
24. пробовать - versuchen
25. сдать экзамен - eine Prüfung bestehen
26. прошлый - vorige, letzte
27. продолжаться - dauern
28. наконец - schließlich
29. пытаться - versuchen
30. садиться - sich hinsetzen
31. серый - grau
32. сообразительный - intelligent
33. таблетка - die Tablette
34. тест - die Prüfung
35. тестировать - prüfen
36. удивительный - wunderbar
37. химический - chemisch; химикаты - die Chemikalien
38. химия - die Chemie
39. часто - oft
40. часы - die Uhr

41. через - in; через два часа - in zwei Stunden
42. в - um, в час - um eins
43. что - dass; Я знаю, что она русская. - Ich weiss, dass sie ist Russin.
44. что-то - etwas

B

Аспирин

Это друг Роберта. Его имя Кристиан. Кристиан из Норвегии. Норвежский язык - его родной. Он может говорить по-русски тоже очень хорошо. Кристиан живёт в общежитии. Кристиан в своей комнате сейчас. У Кристиана сегодня тест по химии. Он смотрит на свои часы. Восемь часов. Пора идти. Кристиан выходит на улицу. Он идёт в университет. Университет возле общежития. Путь до университета занимает у него десять минут. Кристиан подходит к кабинету химии. Он открывает дверь и заглядывает в кабинет. Там несколько студентов и преподаватель. Кристиан заходит в кабинет.
«Здравствуйте,» говорит он.
«Здравствуйте,» отвечают студенты и преподаватель.
Кристиан идёт к своему столу и садится. Тест по химии начинается в пол-девятого. Преподаватель подходит к столу Кристиана.
«Вот твоя задача,» говорит преподаватель. Он даёт Кристиану лист бумаги с задачей, «Ты должен получить аспирин. Ты можешь работать с пол-девятого до двенадцати часов. Пожалуйста, начинай,» преподаватель говорит.
Кристиан знает эту задачу. Он берёт некоторые химикаты и начинает. Он работает десять минут. Наконец он получает что-то серое и вонючее. Это не хороший аспирин. Кристиан знает, что он должен получить большие белые

Aspirin

Das ist ein Freund von Robert. Er heißt Kristian. Kristian kommt aus Norwegen. Seine Muttersprache ist Norwegisch. Er spricht auch sehr gut Russisch. Kristian wohnt im Studentenwohnheim. Kristian ist gerade in seinem Zimmer. Kristian hat heute eine Prüfung in Chemie. Er schaut auf die Uhr. Es ist acht Uhr. Es ist an der Zeit, zu gehen.
Kristian geht nach draußen. Er geht zur Universität. Die Uni ist in der Nähe des Wohnheims. Er braucht etwa zehn Minuten bis zur Uni. Kristian kommt zum Klassenzimmer. Er öffnet die Tür und schaut ins Klassenzimmer. Einige Studenten und der Lehrer sind da.
Kristian betritt das Klassenzimmer.
"Hallo", sagt er.
"Hallo", antworten der Lehrer und die Studenten.
Kristian geht zu seinem Schreibtisch und setzt sich hin. Die Prüfung beginnt um halb neun. Der Lehrer kommt zu Kristians Tisch.
"Hier ist deine Aufgabe", sagt der Lehrer. Dann gibt er Kristian ein Blatt Papier mit der Aufgabe. "Du musst Aspirin herstellen. Du kannst von halb neun bis zwölf Uhr arbeiten. Fang bitte an", sagt der Lehrer.
Kristian weiß, wie diese Aufgabe geht. Er nimmt einige Chemikalien und beginnt. Er arbeitet zehn Minuten lang. Schließlich erhält er etwas Graues und Stinkendes. Das ist nicht gutes Aspirin.

кристаллы аспирина. Тогда он пробует снова и снова. Кристиан работает на протяжении часа, но он снова получает что-то серое и вонючее. Кристиан рассерженный и усталый. Он не может понять этого. Он останавливается и немного думает. Кристиан сообразительный парень. Он думает одну минуту и затем находит ответ! Он встаёт.
«Можно сделать перерыв на десять минут?» спрашивает Кристиан преподавателя.
«Конечно можно,» отвечает преподаватель.
Кристиан выходит. Он находит аптеку возле университета. Он заходит и покупает несколько таблеток аспирина. Через десять минут он возвращается назад в кабинет. Студенты сидят и работают. Кристиан садится.
«Могу я закончить тест?» говорит Кристиан преподавателю через пять минут. Преподаватель подходит к столу Кристиана. Он видит большие белые кристаллы аспирина. Преподаватель останавливается в удивлении. Минуту он стоит и смотрит на аспирин.
«Это удивительно… Твой аспирин такой хороший! Я не могу этого понять! Я часто пытаюсь получить аспирин, но получаю только что-то серое и вонючее,» говорит преподаватель, «Ты прошёл тест,» говорит он.
Кристиан уходит после теста. Преподаватель видит что-то белое возле стола Кристиана. Он подходит к столу и находит бумажку от таблеток аспирина.
«Сообразительный парень. Ладно, Кристиан. Теперь у тебя проблема,» говорит преподаватель.

Kristian weiß, dass er große, weiße Aspirinkristalle erhalten muss. Dann versucht er es wieder und wieder.
Kristian arbeitet eine Stunde lang, aber das Ergebnis ist wieder grau und stinkend.
Kristian ist wütend und müde. Er kann es nicht verstehen. Er macht eine Pause und denkt ein bisschen nach. Kristian ist intelligent. Er denkt ein paar Minuten nach und findet dann die Lösung! Er steht auf.
"Kann ich zehn Minuten Pause machen?" fragt er den Lehrer.
"Ja, natürlich", antwortet der Lehrer.
Kristian geht nach draußen. Er findet eine Apotheke in der Nähe der Uni. Er geht hinein und kauft ein paar Tabletten Aspirin. Nach zehn Minuten kommt er zurück ins Klassenzimmer. Die Studenten sitzen da und arbeiten. Kristian setzt sich hin.
"Kann ich die Prüfung beenden?" fragt Kristian den Lehrer nach fünf Minuten. Der Lehrer kommt zu Kristians Tisch. Er sieht große, weiße Aspirinkristalle. Der Lehrer ist überrascht. Er bleibt stehen und schaut eine Weile auf das Aspirin.
"Wunderbar! Dein Aspirin ist gut! Aber ich kann das nicht verstehen! Ich versuche oft, Aspirin herzustellen, aber alles, was ich herausbekomme, ist grau und stinkt", sagt der Lehrer. "Du hast die Prüfung bestanden".
Kristian geht nach der Prüfung weg. Der Lehrer sieht etwas Weißes auf Kristians Tisch. Er geht zum Tisch und findet das Papier der Aspirintabletten.
"Intelligenter Junge. Gut, Kristian, jetzt hast du ein Problem", sagt der Lehrer.

15

Аня и кенгуру
Anya und das Känguru

A

Слова

1. бедный - arm
2. бить, ударить - schlagen
3. ведро - der Eimer
4. вместе - zusammen
5. вода - das Wasser
6. волосы - das Haar
7. год - das Jahr
8. давай, давайте (Pl) - lass uns
9. достать / доставать - erreichen, langen; herausziehen
10. его - sein, ihn
11. зебра - das Zebra
12. зоопарк - der Zoo
13. игрушка - das Spielzeug
14. Как дела? - Wie geht es?
15. какой - welcher/welche/welches; Какой стол? - Welcher Tisch?
16. кенгуру - das Känguru
17. книжный шкаф - das Bücherregal
18. когда - wenn
19. кричать - schreien, rufen
20. кукла - die Puppe
21. лев - der Löwe
22. летать - fliegen
23. меня / мне - mich / mir
24. месяц - der Monat
25. мокрый - nass
26. мороженое - das Eis

27. нам / нас - uns (Dat.) / uns (Ak.)
28. неожиданность - Überraschung
29. O! - Oh!
30. обезьяна - der Affe
31. олимпийский - olympisch
32. падать - fallen, падение - der Fall
33. первый - der erste
34. плакать - weinen
35. план - der Plan, планировать - planen
36. (по)вести - füren, bringen j-n
37. полный - voll
38. приставать к (+Dative) - ärgern
39. сильно - stark, сильный - stark
40. соседний - der nächste
41. стекать - ablaufen
42. счастливый - glücklich
43. тигр - der Tiger
44. тихо - leise
45. тянуть - ziehen
46. ухо - das Ohr
47. учиться - studieren
48. хвост - der Schwanz
49. хорошо - okay, gut
50. что - was; Что это? - Was ist das?
51. широкий - weit; широко - weit
52. эй! - Hey!
53. я буду - Ich werde

B

Аня и кенгуру

Роберт теперь студент. Он учится в университете. Он изучает русский язык. Роберт живёт в общежитии. Он живёт в соседней с Кристианом комнате.

Роберт сейчас в своей комнате. Он берёт телефон и звонит своему другу Паше.

«Алло,» отвечает на звонок Паша.

«Алло Паша. Это Роберт. Как дела?» говорит Роберт.

«Привет Роберт. У меня хорошо. Спасибо. А как у тебя дела?» отвечает Паша.

«У меня тоже хорошо. Спасибо. Я пойду погулять. Какие планы у тебя на сегодня?» говорит Роберт.

«Моя сестра Аня просит меня повести её в зоопарк. Я сейчас поведу её туда. Пошли вместе с нами,» говорит Паша.

«Хорошо. Я пойду с вами. Где мы встретимся?» отвечает Роберт.

«Давай встретимся на автобусной остановке Олимпик. И спроси Кристиана хочет ли он тоже пойти с нами,» говорит Паша.

Ania und das Känguru

Robert ist jetzt Student. Er studiert an der Universität. Er studiert Russisch. Robert wohnt im Studentenwohnheim. Er ist Kristians Nachbar.

Robert ist gerade in seinem Zimmer. Er nimmt sein Telefon und ruft seinen Freund Pascha an.

Pascha geht ans Telefon und sagt: "Hallo."

"Hallo Pascha. Ich bin es, Robert. Wie geht's dir?" sagt Robert.

"Hallo Robert. Mir geht's gut. Danke. Und dir?" antwortet Pascha.

"Mir geht's auch gut, danke. Ich werde einen Ausflug machen. Was hast du heute vor?" sagt Robert.

"Meine Schwester Ania will mit mir in den Zoo gehen. Ich werde jetzt mit ihr dorthin gehen. Lass uns zusammen gehen", sagt Pascha.

"Alles klar, ich komme mit. Wo treffen wir uns?" fragt Robert.

"Lass uns an der Bushaltestelle Olympic treffen. Und frag Kristian, ob er auch mitkommen will", sagt Pascha.

«Окей. Пока,» отвечает Роберт.
«Увидимся. Пока,» говорит Паша.
Затем Роберт идёт в комнату Кристиана. Кристиан в своей комнате.
«Привет,» говорит Роберт.
«О, привет Роберт. Входи пожалуйста,» говорит Кристиан. Роберт входит.
«Я, Паша и его сестра пойдём в зоопарк. Пошли вместе с нами,» говорит Роберт.
«Конечно, я тоже пойду!» говорит Кристиан.
Роберт и Кристиан идут на автобусную остановку Олимпик. Они видят там Пашу и его сестру Аню.
Сестре Паши только пять лет. Она маленькая девочка, и она полная энергии. Она очень любит животных. Но Аня думает, что животные - это игрушки. Животные убегают от неё, потому что она очень пристаёт к ним. Она может потянуть за хвост или ухо, ударить рукой или игрушкой. У Ани дома есть собака и кот. Когда Аня дома, собака спит под кроватью, а кот сидит на шкафу. Так она не может до них достать.
Аня, Паша, Роберт и Кристиан заходят в зоопарк. В зоопарке очень много животных. Аня очень рада. Она подбегает ко льву и тигру. Она ударяет зебру своей куклой. Она так сильно тянет одну обезьяну за хвост, что все обезьяны с криками убегают. Затем Аня видит кенгуру. Кенгуру пьёт воду из ведра. Аня улыбается и очень тихонько подходит к кенгуру. А потом…
«Эй! Кенгуру-у-у!!» кричит Аня и тянет его за хвост. Кенгуру смотрит на Аню широко открытыми глазами и так подпрыгивает от неожиданности, что ведро с водой подлетает вверх и падает на Аню. Вода стекает по её волосам, лицу, платью. Аня вся мокрая.
«Ты плохой кенгуру! Плохой!» плачет

"Alles klar. Tschüss", antwortet Robert.
"Bis gleich", sagt Pascha.
Dann geht Robert zu Kristians Zimmer. Kristian ist in seinem Zimmer.
"Hallo", sagt Robert.
"Oh, hallo Robert. Komm rein", sagt Kristian. Robert betritt das Zimmer.
"Pascha, seine Schwester und ich gehen in den Zoo. Willst du mitkommen?" fragt Robert.
"Natürlich komme ich mit", sagt Kristian.
Robert und Kristian fahren bis zur Bushaltestelle Olympic. Dort sehen sie Pascha und seine Schwester Ania.
Paschas Schwester ist erst fünf. Sie ist ein kleines Mädchen und voller Energie. Sie mag Tiere sehr gerne. Aber Ania denkt, dass Tiere Spielzeug sind. Die Tiere rennen vor ihr weg, weil sie sie sehr ärgert. Sie zieht sie am Schwanz oder am Ohr, schlägt sie mit der Hand oder mit einem Spielzeug. Zuhause hat Ania einen Hund und eine Katze. Wenn Ania zuhause ist, sitzt der Hund unter dem Bett und die Katze auf dem Bücherregal. So kann Ania sie nicht kriegen.
Ania, Pascha, Robert und Kristian betreten den Zoo. Im Zoo gibt es sehr viele Tiere. Ania ist glücklich. Sie rennt zu den Löwen und Tigern. Sie schlägt das Zebra mit ihrer Puppe. Sie zieht so stark am Schwanz eines Affen, dass alle Affen schreiend wegrennen. Dann sieht Ania ein Känguru. Das Känguru trinkt Wasser aus einem Eimer. Ania lächelt und nähert sich dem Känguru langsam. Und dann...
"Hey!!! Kängruu-uu-uu!!" schreit Ania und zieht es am Schwanz. Das Känguru schaut Ania mit weit aufgerissenen Augen an. Vor Schreck macht es einen Satz, sodass der Wassereimer in die Luft fliegt und auf Ania fällt. Wasser läuft über ihr Haar, ihr Gesicht und ihr Kleid. Ania ist ganz nass.

она.
Некоторые люди улыбаются, а некоторые говорят: «Бедная девочка.» Паша ведёт Аню домой.
«Ты не должна приставать к животным,» говорит Паша и даёт ей мороженое. Аня ест мороженое.
«Ну ладно. Я не буду играть с большими и сердитыми животными. Я буду играть только с маленькими животными,» думает Аня. Она счастлива снова.

"Du bist ein böses Känguru! Böse!" ruft sie.
Einige Leute lächeln und einige Leute sagen: "Armes Mädchen." Pascha bringt Ania nach Hause.
"Du darfst die Tiere nicht ärgern", sagt Pascha und gibt ihr ein Eis. Ania isst das Eis.
"Okay, ich werde nicht mehr mit sehr großen und wütenden Tieren spielen", denkt Ania. "Ich werde nur noch mit kleinen Tieren spielen." Sie ist wieder glücklich.

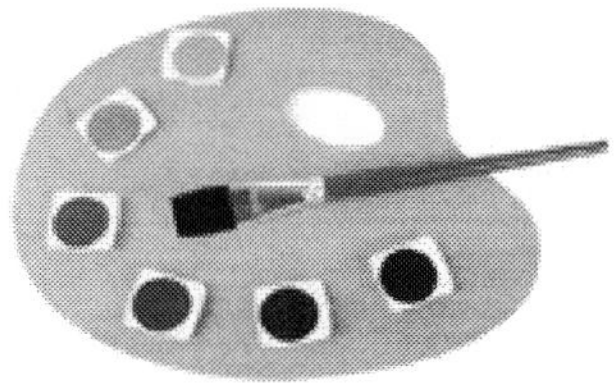

16

Парашютисты

Die Fallschirmspringer

A

Слова

1. авиашоу - die Flugschau
2. брюки - die Hose
3. будет - wird; будут - werden; буду - werde
4. великолепно - super, toll
5. внутрь - in
6. воздух - die Luft
7. восклицать - (aus)rufen
8. девять - neun
9. делать - machen
10. другой - andere
11. если - ob, wenn, falls
12. жёлтый - gelb
13. жизнь - das Leben
14. трюк по спасению жизни - der Rettungstrick
15. закрывать - schließen
16. земля - Land
17. приземляться - landen
18. зрители - das Publikum
19. клуб - der Verein
20. команда - die Mannschaft
21. красный - rot
22. кроме - außer, ausgenommen
23. крыша - das Dach
24. кстати - übrigens
25. куртка - die Jacke
26. ловить - fangen
27. зацепить(ся) - sich anhaken, hängenbleiben
28. металл, металлический - das Metall
29. молчаливый - leise
30. молчать - schweigen; молча - schweigend
31. на улицу - nach außen
32. из - aus, von
33. чучело парашютиста - die Fallschirmspringerpuppe

34. над - über
35. настоящий - wirkliche
36. нести - bringen
37. одежда - Kleidung
38. одевать / одеть - anziehen
39. одетый - gekleidet, angezogen
40. падающий - fallend
41. папочка - Papa
42. парашют - der Fallschirm; парашютист - der Fallschirmspringer
43. пилот - der Pilot
44. поймать - fangen
45. полагать - glauben
46. после - nach
47. приготовить(ся) - vorbereiten (sich)
48. резина - der Gummi
49. самолёт - das Flugzeug
50. Сергей - Sergey
51. сердито - wütend
52. сиденье - der Sitz
53. садиться - sich hinsetzen
54. собственный - eigener, eigene, eigenes
55. спасать - retten
56. сходить с - aussteigen
57. толкать - stoßen, ziehen
58. только - nur
59. тренировать - trainieren
60. тренированный - trainiert
61. трюк - der Trick
62. участник - das Mitglied
63. часть - der Teil
64. чтобы - um .. zu ..

B

Парашютисты

Утро. Роберт идёт в комнату Кристиана. Кристиан сидит за столом и что-то пишет. Кот Кристиана Фаворит - на кровати. Он тихонько спит.
«Можно войти?» спрашивает Роберт.
«А, Роберт. Входи, пожалуйста. Как дела?» говорит Кристиан.
«Хорошо. Спасибо. Как у тебя?» говорит Роберт.
«Прекрасно. Спасибо. Пожалуйста, садись,» отвечает Кристиан. Роберт садится на стул.
«Ты знаешь, что я участник парашютного клуба. Сегодня у нас будет авиашоу,» говорит Роберт, «Я делаю там несколько прыжков.»
«Это очень интересно,» отвечает Кристиан, «Я, может быть, пойду посмотреть это авиашоу.»
«Если хочешь, я могу взять тебя туда, и ты сможешь полетать на самолёте,» говорит

Die Fallschirmspringer

Es ist Morgen. Robert kommt in Kristians Zimmer. Kristian sitzt am Tisch und schreibt etwas. Kristians Katze Favorite sitzt auf Kristians Bett. Sie schläft ruhig.
"Kann ich reinkommen?" fragt Robert.
"Oh, Robert. Komm rein. Wie geht's dir?" antwortet Kristian.
"Gut, danke. Und dir?" sagt Robert.
"Danke, auch gut. Setz dich", antwortet Kristian. Robert setzt sich auf einen Stuhl.
"Du weißt doch, dass ich Mitglied in einem Fallschirmspringerverein bin. Wir haben heute eine Flugschau", sagt Robert. "Ich werde ein paar Sprünge machen".
"Das ist interessant", antwortet Kristian. "Ich komme vielleicht zuschauen."
"Wenn du willst, kann ich dich mitnehmen und du kannst in einem Flugzeug mitfliegen", sagt Robert.
"Echt? Das wäre super!" ruft Kristian.

Роберт.
«Правда? Это будет здорово!» восклицает Кристиан, «В котором часу авиашоу?»
«Оно начинается в десять часов утра,» отвечает Роберт, «Паша тоже придёт. Кстати, нам нужна помощь, чтобы вытолкнуть чучело парашютиста из самолёта. Ты поможешь?»
«Чучело парашютиста? Зачем?» говорит Кристиан удивлённо.
«Видишь ли, это часть шоу,» говорит Роберт, «Это - трюк по спасению жизни. Чучело парашютиста падает вниз. В это время настоящий парашютист подлетает к нему, хватает его и открывает свой собственный парашют. «Человек» спасён!»
«Здорово!» отвечает Кристиан, «Я помогу. Пошли!»
Кристиан и Роберт выходят на улицу. Они идут на автобусную остановку Олимпик и садятся в автобус. Дорога до авиашоу занимает только десять минут. Когда они сходят с автобуса, они видят Пашу.
«Привет Паша,» говорит Роберт, «Идём к самолёту.»
Возле самолёта они видят парашютную команду. Они подходят к руководителю команды. Руководитель команды одет в красные брюки и красную куртку.
«Привет Сергей,» говорит Роберт, «Кристиан и Паша помогут с трюком по спасению жизни.»
«Хорошо. Чучело парашютиста здесь,» говорит Сергей. Он даёт им чучело парашютиста. Чучело парашютиста одето в красные брюки и красную куртку.
«Он одет как Вы,» говорит Паша улыбаясь Сергею.
«У нас нет времени говорить об этом,» говорит Сергей, «Несите его в этот самолёт.»
Кристиан и Паша несут чучело парашютиста в самолёт. Они садятся возле

"Um wie viel Uhr ist die Flugschau?"
"Sie fängt um zehn Uhr morgens an", antwortet Robert. "Pascha kommt auch. Übrigens, wir brauchen Hilfe, eine Fallschirmspringerpuppe aus dem Flugzeug zu werfen. Kannst du helfen?"
"Eine Fallschirmspringerpuppe? Warum?" fragt Kristian überrascht.
"Ach, weißt du, das ist ein Teil der Schau", sagt Robert. "Es ist ein Rettungstrick. Die Puppe fällt herunter. In dem Moment fliegt ein echter Fallschirmspringer zu ihr, fängt sie und öffnet seinen eigenen Fallschirm. Der "Mann" ist gerettet!"
"Toll!", antwortet Kristian. "Ich helfe. Lass uns gehen!"
Kristian und Robert gehen nach draußen. Sie kommen zur Bushaltestelle Olympic und nehmen einen Bus. Es dauert nur zehn Minuten bis zur Flugschau. Als sie aus dem Bus steigen, sehen sie Pascha.
"Hallo Pascha", sagt Robert. "Lass uns zum Flugzeug gehen.
Beim Flugzeug sehen sie eine Fallschirmspringermannschaft. Der Führer der Mannschaft hat eine rote Hose und eine rote Jacke an.
"Hallo Sergey", sagt Robert. "Kristian und Pascha helfen beim Rettungstrick."
"Okay. Hier ist die Puppe", sagt Sergey. Er gibt ihnen die Fallschirmspringerpuppe. Die Puppe trägt eine rote Hose und eine rote Jacke.
"Sie trägt die gleiche Kleidung wie du", sagt Pascha und grinst Sergey an.
"Wir haben keine Zeit, darüber zu reden", sagt Sergey. "Nehmt sie mit in dieses Flugzeug.
Kristian und Pascha bringen die Puppe ins Flugzeug. Sie setzen sich neben den Piloten. Die ganze Fallschirmspringermannschaft außer

пилота. Вся парашютная команда кроме её руководителя садится в самолёт. Дверь закрывают. Через пять минут самолёт уже в воздухе. Когда он пролетает над Санкт Петербургом, Паша видит свой собственный дом.
«Смотри! Там мой дом!» восклицает Паша. Кристиан смотрит через окно на улицы, площади, парки города. Летать на самолёте - это удивительно.
«Приготовиться к прыжку!» восклицает пилот. Парашютисты встают. Дверь открывают.
«Десять, девять, восемь, семь, шесть, пять, четыре, три, два, один. Пошли!» восклицает пилот.
Парашютисты начинают прыгать из самолёта. Зрители внизу на земле видят красные, зелёные, белые, синие, жёлтые парашюты. Это выглядит очень красиво! Сергей, руководитель парашютной команды тоже смотрит вверх. Парашютисты летят вниз и некоторые уже приземляются.
«Окей. Хорошая работа парни,» говорит Сергей и идёт в ближайшее кафе выпить кофе. Авиашоу продолжается.
«Приготовиться к трюку по спасению жизни!» восклицает пилот.
Паша и Кристиан несут чучело парашютиста к двери.
«Десять, девять, восемь, семь, шесть, пять, четыре, три, два, один. Пошёл!» восклицает пилот.
Кристиан и Паша толкают чучело парашютиста в дверь. Оно выходит, но затем останавливается. Его резиновая рука зацепляется за какую-то металлическую часть самолёта.
«Давайте-давайте ребята!» кричит пилот. Ребята толкают чучело парашютиста очень сильно, но не могут вытолкнуть его. Зрители внизу на земле видят парашютиста

ihrem Führer besteigt das Flugzeug. Sie schließen die Tür. Nach fünf Minuten ist das Flugzeug in der Luft. Als es über St Peterburg fliegt, sieht Pascha sein Haus.
"Schau! Da ist mein Haus!" ruft Pascha. Kristian schaut aus dem Fenster auf Straßen, Plätze und Parks. Es ist toll, in einem Flugzeug zu fliegen.
"Zum Sprung bereit machen!" ruft der Pilot. Die Fallschirmspringer stehen auf. Sie öffnen die Tür.
"Zehn, neun, acht, sieben, sechs, fünf, vier, drei, zwei, eins! Los!" ruft der Pilot. Die Fallschirmspringer beginnen, aus dem Flugzeug zu springen. Das Publikum auf dem Boden sieht rote, grüne, weiße, blaue und gelbe Fallschirme. Es sieht sehr schön aus. Sergey, der Führer der Mannschaft, schaut auch nach oben. Die Fallschirmspringer fliegen nach unten und einige landen bereits.
"Okay, gute Arbeit, Jungs", sagt Sergey und geht in ein Café in der Nähe, um Kaffee zu trinken. Die Flugschau geht weiter.
"Für den Rettungstrick bereit machen!" ruft der Pilot.
Pascha und Kristian bringen die Puppe zur Tür.
"Zehn, neun, acht, sieben, sechs, fünf, vier, drei, zwei, eins! Los!" ruft der Pilot. Kristian und Pascha stoßen die Puppe aus der Tür. Sie fällt heraus, bleibt dann aber hängen. Ihre Gummihand ist an einem Metallteil des Flugzeugs hängen geblieben.
"Los, auf, Jungs!" ruft der Pilot.
Die Jungs ziehen mit aller Kraft an der Puppe, aber sie bekommen sie nicht los. Das Publikum unten auf dem Boden sieht einen Mann in Rot gekleidet in der Flugzeugtür. Zwei andere Männer versuchen, ihn herauszustoßen. Die Leute

одетого в красное в двери самолёта. Два других человека пытаются вытолкнуть его. Люди не могут поверить своим глазам. Это продолжается примерно минуту. Затем парашютист в красном падает вниз. Другой парашютист выпрыгивает из самолёта и пытается схватить его. Но он не может этого сделать. Парашютист в красном падает вниз. Он падает сквозь крышу вовнутрь кафе. Зрители молча смотрят. Затем они видят, как человек одетый в красное выбегает из кафе. Этот человек в красном - Сергей, руководитель парашютной команды. Но зрители думают, что он - упавший парашютист. Он смотрит вверх и кричит сердито, «Если не можешь поймать человека, то и не берись!»
Зрители молчат.
«Папа, этот человек очень сильный,» маленькая девочка говорит своему папе.
«Он хорошо тренирован,» отвечает папа.
После авиашоу Кристиан и Паша подходят к Роберту.
«Ну, как наша работа?» спрашивает Паша.
«Э.. О, очень хорошо. Спасибо,» отвечает Роберт.
«Если тебе ещё нужна помощь - только скажи,» говорит Кристиан.

trauen ihren Augen nicht. Es dauert etwa eine Minute. Dann fällt der Fallschirmspringer in Rot nach unten. Ein anderer Fallschirmspringer springt aus dem Flugzeug und versucht, ihn zu fangen. Aber er schafft es nicht. Der Fallschirmspringer in Rot fällt weiter. Er fällt durch das Dach in das Café. Das Publikum schaut schweigend zu. Dann sehen die Leute einen in rot gekleideten Mann aus dem Café rennen. Der Mann in Rot ist Sergey, der Führer der Fallschirmspingermannschaft. Aber das Publikum denkt, dass er der abgestürzte Fallschirmspringer ist. Er schaut nach oben und ruft wütend: "Wenn ihr einen Mann nicht fangen könnt, dann versucht es nicht!"
Das Publikum ist still.
"Papa, dieser Mann ist sehr stark", sagt ein kleines Mädchen zu ihrem Vater.
"Er ist gut trainiert", antwortet der Vater.
Nach der Flugschau gehen Pascha und Kristian zu Robert.
"Wie war unsere Arbeit?" fragt Pascha.
"Ähm...Oh, sehr gut. Danke", antwortet Robert.
"Wenn du Hilfe brauchst, sag es einfach", sagt Kristian.

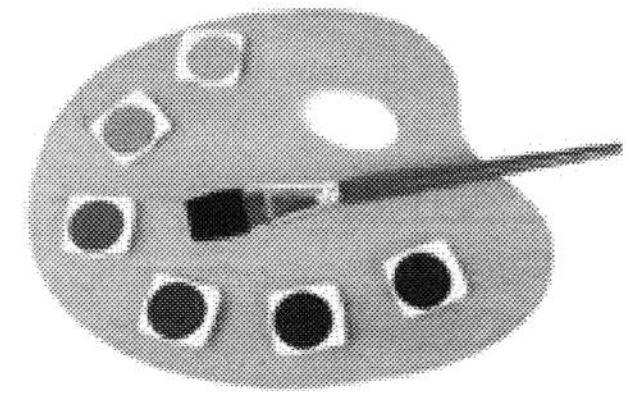

17

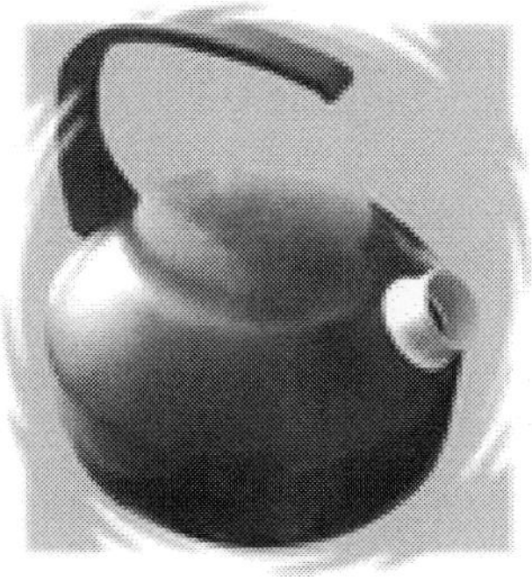

Выключи газ!
Mach das Gas aus!

A

Слова

1. билет - die Fahrkarte
2. бледный - blass
3. быстрый - schnelle; быстро - schnell
4. включать - anmachen; выключать - ausmachen
5. всё - alles
6. газ - das Gas
7. голос - die Stimme
8. двадцать - zwanzig
9. детсад - der Kindergarten
10. железная дорога - der Bahnhof
11. живущий - wohnhaft
12. заботливый, осторожный - sorgfältig
13. забыть - vergessen
14. застыть - erstarren
15. звонить - klingeln; звонок - das Klingeln
16. километр - der Kilometer
17. Колобоков - Kolobokov (Name)
18. кошечка - die Miezekatze
19. кран - der Wasserhahn
20. кто, который - wer
21. момент - der Moment
22. наполнять - füllen
23. не - nicht
24. незнакомый - fremd
25. немедленно - sofort
26. неожиданно - plötzlich
27. огонь - das Feuer
28. одиннадцать - elf
29. перед тем, как - bevor
30. поезд - der Zug
31. поэтому - deswegen
32. приказывать - befehlen
33. распространять(ся) - übergreifen
34. рядом - nahe
35. секретарь - die Sekretärin
36. сорок четыре - vierundvierzig
37. ставить - stellen; ложить - liegen
38. станция - station
46. ступня - der Fuß

39. пешком - zu Fuß
40. телефонная трубка - der Telefonhörer
41. тем временем - in der Zwischenzeit
42. тёплый - warm
43. нагревать - aufwärmen
44. улица Щорса - Shchorsa street
45. хитрый - schlauer; хитро - schlau
46. чайник - der Kessel
47. чувствуя - fühlend

B

Выключи газ!

Семь часов утра. Паша и Аня спят. Их мама на кухне. Маму зовут Люба. Маме сорок четыре года. Она - заботливая женщина. Перед тем, как идти на работу, Люба убирает на кухне. Она секретарь. Она работает в двадцати километрах от Санкт Петербурга. Люба обычно ездит на работу на поезде.
Она выходит на улицу. Железнодорожная станция недалеко, поэтому Люба идёт туда пешком. Она покупает билет и садится в поезд. Дорога до работы занимает примерно двадцать минут. Люба сидит в поезде и смотрит в окно. Вдруг она замирает. Чайник! Он стоит на плите, и она забыла выключить газ! Паша и Аня спят. Огонь может распространиться на мебель и тогда… Люба бледнеет. Но она сообразительная женщина и через минуту она знает что делать. Она просит женщину и мужчину, которые сидят рядом, позвонить ей домой, и сказать Паше о чайнике.
Тем временем Паша встаёт, умывается и идёт на кухню. Он берёт чайник со стола, наполняет его водой и ставит на плиту. Затем он берёт хлеб и масло и делает бутерброды. Аня входит на кухню.
«Где моя маленькая кошечка?» спрашивает она.
«Я не знаю,» отвечает Паша, «Иди в

Mach das Gas aus!

Es ist sieben Uhr morgens. Pascha und Ania schlafen. Ihre Mutter ist in der Küche. Die Mutter heißt Luba. Luba ist vierundvierzig. Sie ist eine sorgfältige Frau. Luba putzt die Küche, bevor sie zur Arbeit geht. Sie ist Sekretärin. Sie arbeitet zwanzig Kilometer außerhalb von St Peterburg. Luba fährt normalerweise mit dem Zug zur Arbeit.
Sie geht nach draußen. Der Bahnhof ist in der Nähe, deswegen geht Luba zu Fuß dorthin. Sie kauft eine Fahrkarte und steigt ein. Es dauert etwa zwanzig Minuten bis zu ihrer Arbeit. Luba sitzt im Zug und schaut aus dem Fenster.
Plötzlich erstarrt sie. Der Kessel! Er steht auf dem Herd und sie hat vergessen, das Gas auszumachen. Pascha und Ania schlafen. Das Feuer kann auf die Möbel übergreifen und dann... Luba wird blass. Aber sie ist eine intelligente Frau und kurz darauf weiß sie, was zu tun ist. Sie bittet eine Frau und einen Mann, die neben ihr sitzen, bei ihr zu Hause anzurufen und Pascha über den Kessel zu informieren.
In der Zwischenzeit steht Pascha auf, wäscht sich und geht in die Küche. Er nimmt den Kessel vom Tisch, füllt ihn mit Wasser und stellt ihn auf den Herd. Dann nimmt er Brot und Butter und macht Butterbrote. Ania kommt in die Küche.
"Wo ist meine kleine Miezekatze?" fragt sie.
"Ich weiß es nicht", antworte Pascha. "Geh ins Bad und wasch dein Gesicht. Wir trinken

ванную и умой лицо. Мы сейчас будем пить чай и есть бутерброды. Потом я отведу тебя в детский сад.»
Аня не хочет умываться. «Я не могу открыть кран,» говорит она хитро.
«Я помогу тебе,» говорит её брат. В это время звонит телефон. Аня быстро бежит к телефону и берёт трубку.
«Алло, это зоопарк. А это кто?" говорит она. Паша берёт у неё трубку и говорит, «Алло. Это Паша.»
«Ты Паша Колобоков проживающий на улице Щорса одиннадцать?» спрашивает незнакомый женский голос.
«Да,» отвечает Паша.
«Немедленно иди на кухню и выключи газ!» восклицает женский голос.
«Кто Вы? Почему я должен выключить газ?» удивлённо говорит Паша.
«Сделай это сейчас же!» приказывает женщина.
Паша выключает газ. Паша и Аня смотрят удивлённо на чайник.
«Я не понимаю,» говорит Паша, «Как эта женщина может знать, что мы будем пить чай?»
«Когда мы будем кушать?» спрашивает его сестра, «Я хочу есть.»
«Я тоже хочу,» говорит Паша и снова включает газ. В эту минуту снова звонит телефон.
«Алло,» говорит Паша.
«Ты Паша Колобоков, который живёт на улице Щорса одиннадцать?» спрашивает незнакомый мужской голос.
«Да,» отвечает Паша.
«Выключи немедленно кухонный газ! Будь осторожен!» приказывает голос.
«Окей,» говорит Паша и снова выключает газ.
«Пошли в детсад,» говорит Паша Ане, чувствуя, что сегодня они не будут пить чай.

jetzt Tee und essen Brote. Dann bring ich dich in den Kindergarten."
Ania will sich nicht waschen. "Ich kann den Wasserhahn nicht anmachen", sagt sie schlau.
"Ich helfe dir", sagt ihr Bruder. In diesem Moment klingelt das Telefon. Ania rennt schnell zum Telefon und nimmt den Hörer ab.
"Hallo, hier ist der Zoo. Und wer ist da?" sagt sie. Pascha nimmt ihr den Hörer weg und sagt: "Hallo, Pascha hier."
"Bist du Pascha Kolobokov, wohnhaft in der Schiorsa Strasse elf?" fragt die Stimme einer fremden Frau.
"Ja", antwortet Pascha.
"Geh sofort in die Küche und mach das Gas aus", ruft die Stimme der Frau.
"Wer sind Sie? Warum soll ich das Gas ausmachen?" fragt Pascha überrascht.
"Mach es jetzt!" befielt die Stimme.
Pascha macht das Gas aus. Ania und Pascha schauen verwundert auf den Kessel.
"Ich verstehe das nicht", sagt Pascha. "Woher weiß diese Frau, dass wir Tee trinken wollten?"
"Ich habe Hunger", sagt seine Schwester. "Wann essen wir?"
"Ich habe auch Hunger", sagt Pascha und macht das Gas wieder an. In diesem Moment klingelt das Telefon wieder.
"Hallo", sagt Pascha.
"Bist du Pascha Kolobokov, wohnhaft in der Schiorsa Strasse elf?" fragt die Stimme eines fremden Mannes.
"Ja", antwortet Pascha.
"Mach sofort das Gas aus! Sei vorsichtig!" befiehlt die Stimme.
"Okay", sagt Pascha und macht das Gas wieder aus.
"Lass uns in den Kindergarten gehen", sagt Pascha zu Ania in dem Gefühl, dass sie heute keinen Tee trinken werden.

«Нет. Я хочу чай и бутерброд,» сердито говорит Аня.
«Ну ладно, давай снова попробуем нагреть чайник,» говорит её брат и включает газ.
Звонит телефон и на этот раз их мама приказывает выключить газ. Затем она всё объясняет. Наконец Аня и Паша пьют чай и идут в детсад.

"Nein. Ich will Tee und Brot mit Butter", sagt Ania wütend.
"Gut, lass uns versuchen, den Kessel wieder zu wärmen", sagt ihr Bruder und stellt das Gas an.
Das Telefon klingelt und dieses Mal befiehlt ihre Mutter, das Gas abzustellen. Dann erklärt sie alles. Endlich trinken Ania und Pascha Tee und gehen in den Kindergarten.

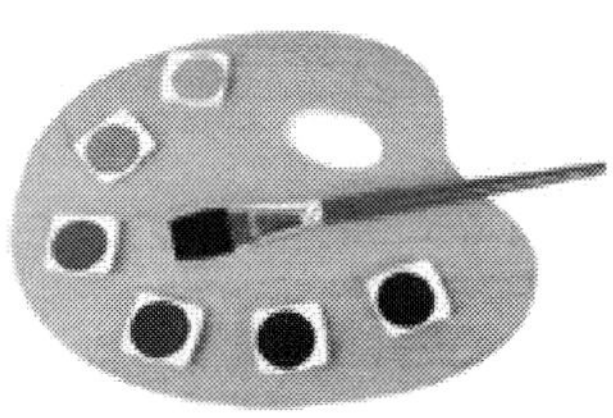

18

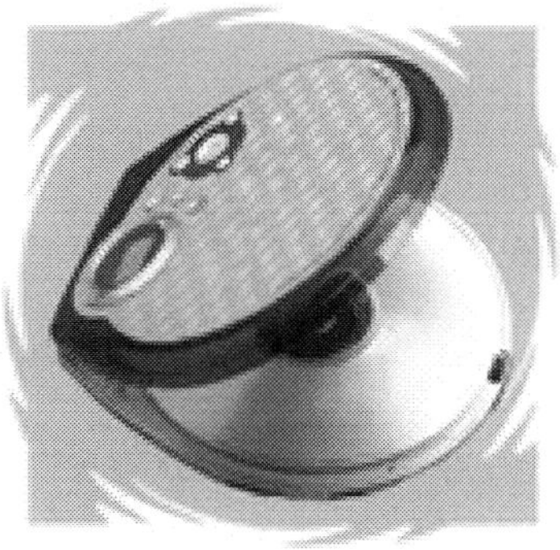

Агентство по трудоустройству
Eine Arbeitsvermittlung

A

Слова

1. был, была, было - war
2. в час - pro Stunde
3. внимательно, аккуратно - vorsichtig
4. волноваться - sich Sorgen machen
5. всё подряд - vielseitig, alles könnend
6. должность - die Position
7. друг друга - einander
8. здорово - toll
9. издательство - der Verlag
10. индивидуально - einzeln
11. история - die Geschichte
12. как - wie; Как я. - Wie ich.
13. так как - da
14. консультант - der Berater; консультировать - beraten
15. лежать - liegen
16. матрас - die Matratze
17. город - die Stadt
18. номер - die Nummer
19. опыт - die Erfahrung
20. очищая - putzend
21. писательская работа - Schreibarbeit
22. пол - der Boden
23. половина - halb
24. помощник - der Helfer
25. посетитель - der Gast, der Besucher
26. провод, кабель - das Kabel
27. пускать, позволить - lassen
28. пятнадцать - fünfzehn
29. рекомендовать - empfehlen
30. рука - der Arm
31. седовласый - grauhaarig
32. серьёзно - ernst
33. сильный - starke; сильно - stark
34. сконфуженный - verwirrt
35. смертельный - tödlich
36. снимать - abnehmen
37. соглашаться - einverstanden sein; согласен / согласный - einverstanden (Adj)
38. также, тоже - auch
39. ток - der Strom

40. тот же самый - der Gleiche; одновременно - gleichzeitig
41. трясти(сь) - zittern
42. уверенный - sicher
43. умственная работа - Kopfarbeit
44. физическая работа - die Handarbeit
45. шестьдесят - sechzig
46. электрический - elektrisch

B

Агентство по трудоустройству

Однажды Кристиан заходит в комнату Роберта и видит, что его друг лежит на кровати и трясётся. Кристиан видит электрические провода идущие от Роберта к электрическому чайнику. Кристиан полагает, что Роберт под смертельным электрическим током. Он быстро подходит к кровати, берёт матрац и сильно его тянет. Роберт падает на пол. Потом он встаёт и удивлённо смотрит на Кристиана.

«Что это было?» спрашивает Роберт.

«Ты был под электрическим током,» говорит Кристиан.

«Нет, я слушаю музыку,» говорит Роберт и показывает свой CD-плеер.

«Ой, извини,» говорит Кристиан. Он сконфужен.

«Всё в порядке. Не волнуйся,» спокойно отвечает Роберт отряхивая свои брюки.

«Я и Паша идём в агентство по трудоустройству. Ты хочешь пойти с нами?» спрашивает Кристиан.

«Конечно. Давайте пойдём вместе,» говорит Роберт.

Они выходят на улицу и садятся в автобус номер семь. Дорога до агентства по трудоустройству занимает у них примерно пятнадцать минут. Паша уже там. Они входят в здание. В офис агентства по трудоустройству стоит длинная очередь. Они становятся в очередь. Через полчаса они входят в офис. В комнате стол и несколько книжных

Eine Arbeitsvermittlung

Eines Tages kommt Kristian in Roberts Zimmer und sieht seinen Freund zitternd auf dem Bett liegen. Kristian sieht einige Stromkabel, die von Robert zum Wasserkocher führen. Kristian glaubt, dass Robert einen tödlichen Stromschlag abbekommen hat. Er geht schnell zum Bett, nimmt die Matratze und zieht stark daran. Robert fällt auf den Boden. Dann steht er auf und sieht Kristian verwundert an.

"Was war das denn?" fragt Robert.

"Du standest unter Strom", sagt Kristian.

"Nein, ich habe Musik gehört", sagt Robert und zeigt auf seinen CD-Spieler.

"Oh, Entschuldigung", sagt Kristian. Er ist verwirrt.

"Schon gut, mach dir keinen Kopf", sagt Robert ruhig und macht seine Hose sauber.

"Pascha und ich gehen zu einer Arbeitsvermittlung. Willst du mitkommen?" fragt Kristian.

"Klar, lass uns zusammen gehen", sagt Robert.

Sie gehen nach draußen und nehmen den Bus Nummer 7. Sie brauchen etwa fünfzehn Minuten bis zur Arbeitsvermittlung. Pascha ist schon dort. Sie betreten das Gebäude. Vor dem Büro der Arbeitsvermittlung ist eine lange Schlange. Sie stellen sich an. Nach einer halben Stunde betreten sie das Büro. Im Zimmer sind ein Stuhl und ein paar Bücherregale. Am Tisch sitzt ein

шкафов. За столом сидит седоволосый мужчина. Ему примерно шестьдесят лет.
«Входите ребята!» дружелюбно говорит он, «Садитесь пожалуйста».
Паша, Роберт и Кристиан садятся.
«Меня зовут Николай Оценкин. Я - консультант по трудоустройству. Обычно я беседую с посетителями индивидуально. Но, так как вы студенты и знаете друг друга, я могу проконсультировать вас всех вместе. Вы согласны?»
«Да,» говорит Паша, «У нас каждый день три или четыре часа свободного времени. Нам надо найти работу на это время.»
«Так. У меня есть несколько рабочих мест для студентов. А ты сними свой плеер,» господин Оценкин говорит Роберту.
«Я могу слушать одновременно музыку и Вас,» говорит Роберт.
«Если ты серьёзно хочешь получить работу, то сними свой плеер и слушай то, что я говорю,» говорит господин Оценкин, «Теперь ребята скажите, - какая работа вам нужна? Вам нужна умственная или физическая работа?»
«Я могу делать любую работу,» говорит Кристиан, «Я сильный. Хотите побороться на руках?» говорит он и ставит свою руку на стол господина Оценкина.
«Здесь не спортивный клуб, но если ты хочешь...» говорит господин Оценкин. Он ставит руку на стол и быстро ложит руку Кристиана, «Как видишь, сынок, ты должен быть не только сильным, но и умным».
«Я умственно тоже могу работать,» Кристиан говорит снова. Он очень хочет получить работу. «Я могу писать истории. У меня есть несколько историй о моём родном городе».
«Это очень интересно,» говорит господин

grauhaariger Mann. Er ist etwa sechzig.
"Kommt rein, Jungs", sagt er freundlich. "Setzt euch, bitte".
Pascha, Robert und Kristian setzen sich.
"Ich bin Nikolai Ozenkin. Ich bin Arbeitsberater. Normalerweise spreche ich einzeln mit Besuchern. Aber da ihr alle Studenten seid und euch kennt, kann ich euch zusammen beraten. Seid ihr einverstanden?"
"Ja", sagt Pascha. "Wir haben drei, vier Stunden frei pro Tag. Wir brauchen für diese Zeit einen Job."
"Gut, ich habe ein paar Jobs für Studenten. Und du, mach deinen CD-Spieler aus", sagt Herr Ozenkin zu Robert.
"Ich kann gleichzeitig Ihnen zuhören und Musik hören", sagt Robert.
"Wenn du ernsthaft einen Job willst, mach die Musik aus und hör mir genau zu", sagt Herr Ozenkin. "Also, was für einen Job wollt ihr denn. Wollt ihr Hand- oder Kopfarbeit?
"Ich kann jede Arbeit machen", sagt Kristian. "Ich bin stark. Wollen Sie es testen?" fragt er und stützt seinen Arm auf Herrn Profits Tisch auf.
"Das hier ist kein Sportverein, aber wenn du willst..." sagt Herr Ozenkin. Er stützt seinen Arm auf den Tisch auf und drückt Kristians Arm schnell nach unten. "Wie du siehst, musst du nicht nur stark, sondern auch schlau sein."
"Ich kann auch Denkarbeit machen", sagt Kristian. Er will unbedingt einen Job. "Ich kann Geschichten schreiben. Ich habe ein paar Geschichten über meine Heimatstadt."
"Das ist sehr interessant", sagt Herr Ozenkin. Er greift nach einem Blatt Papier. "Der Verlag "All-Round" braucht einen jungen Helfer als Schreiber. Sie zahlen 150 Rubl pro Stunde."

Оценкин. Он берёт лист бумаги, «Издательской фирме «Всё подряд» нужен молодой помощник для писательской работы. Они платят 150 рублей в час».
«Здорово!» говорит Кристиан, «Можно мне попробовать?»
«Конечно. Вот их телефонный номер и адрес,» говорит господин Оценкин и даёт Кристиану лист бумаги.
«А вы парни, можете выбрать работу на ферме, на компьютерной фирме, в газете или в супермаркете. Так как у вас нет опыта, то я рекомендую вам начать работать на ферме. Им нужны два работника,» говорит господин Оценкин Паше и Роберту.
«Сколько они платят?» спрашивает Паша.
«Сейчас посмотрю…» господин Оценкин смотрит в компьютере, «Им нужны рабочие на три или четыре часа в день и они платят 120 рублей в час. Суббота и воскресенье - выходные. Вы соглашаетесь?» спрашивает он.
«Я согласен,» говорит Паша.
«Я тоже согласен,» говорит Роберт.
«Ну что же. Берите номер телефона и адрес фермы,» говорит господин Оценкин и даёт им лист бумаги.
«Спасибо,» говорят ребята и выходят.

“Super”, sagt Kristian. “Kann ich das versuchen?”
“Natürlich. Hier sind Telefonnummer und Adresse”, sagt Herr Ozenkin und gibt Kristian ein Blatt Papier.
“Und ihr Jungs könnt zwischen einem Job auf einem Bauernhof, in einer Computerfirma, bei einer Zeitung oder im Supermarkt wählen. Da ihr keine Erfahrung habt, empfehle ich euch, mit der Arbeit auf dem Bauernhof anzufangen. Sie brauchen zwei Arbeiter”, sagt Herr Ozenkin zu Pascha und Robert.
“Wie viel zahlen sie?” fragt Pascha.
“Mal schaun...”, Herr Ozenkin schaut auf den Computer. “Sie brauchen Arbeiter für drei oder vier Stunden am Tag und zahlen 120 Rubl pro Stunde. Samstag und Sonntag sind frei. Seid ihr einverstanden?“ fragt er.
“Ja, bin ich”, sagt Pascha.
“Ich auch”, sagt Robert.
“Gut, nehmt die Telefonnummer und die Adresse des Bauernhofs”, sagt Herr Ozenkin und gibt ihnen eine Blatt Papier.
“Dankeschön, Herr Ozenkin”, sagen die Jungs und gehen nach draußen.

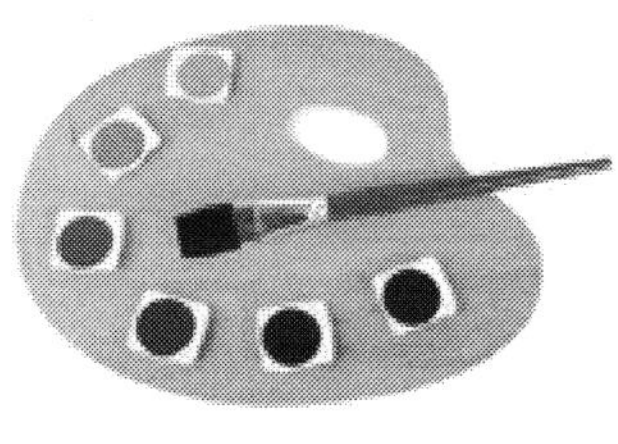

19

Паша и Роберт моют грузовик (часть 1)

Pascha und Robert waschen den Laster (Teil 1)

A

Слова

1. берег моря - die Küste
2. ближе - näher; близко - nahe
3. большая часть - grösste Teil
4. вдоль - entlang
5. владелец - der Besitzer
6. водительские права - der Führerschein
7. волна - die Welle
8. восьмой - achter
9. второй - zweiter
10. далеко - weit; дальше - weiter
11. двигатель - der Motor
12. двор - der Hof
13. девятый - neunter
14. десятый - zehnter
15. довольно (таки) - ziemlich
16. дорога - die Straße
17. ждать - warten
18. заводить - anmachen (nur ein Motor)
19. искать - suchen
20. использовать - benutzen
21. качаясь - schaukelnd
22. колесо - das Rad
23. корабль - das Schiff
24. крепкий - starker
25. машина - die Maschine
26. медленно - langsam
27. метр - der Meter
28. Михаил - Mikhail
29. много - viel
30. море - das Meer
31. мыть - waschen
32. нажимая ногой - tretend
33. начинать - anfangen
34. нести - bringen in Händen; везти - transportieren
35. передний - vorn
36. плыть - schwimmen, treiben

37. поднимать - heben
38. подходящий - passend
39. (по)мыть - waschen
40. поле - das Feld
41. прибыть - ankommen
42. проверять - kontrollieren
43. пятый - fünfter
44. работодатель - der Arbeitgeber
45. разгружать - abladen
46. седьмой - siebter
47. семена - das Saatgut
48. сила - die Stärke
49. слишком - zu; слишком дорогой - zu teuer
50. сначала - erst
51. тормоз - die Bremse, тормозить - bremsen
52. третий - dritter
53. четвёртый - vierter
54. чуть(-чуть) - ein bisschen
55. шестой - sechster
56. ящик - die Kiste

B

Паша и Роберт моют грузовик (часть 1)

Паша и Роберт теперь работают на ферме. Они работают три или четыре часа каждый день. Работа довольно тяжёлая. Они должны делать каждый день много работы. Они убирают на ферме через день. Они моют фермерские машины один раз в три дня. Раз в четыре дня они работают на фермерском поле. Их работодателя зовут Михаил Крепкий. Господин Крепкий владелец фермы, и он выполняет большую часть работы. Михаил Крепкий работает много. Он также даёт много работы Паше и Роберту.

«Эй парни, заканчивайте мыть машины, возьмите грузовик и езжайте на транспортную фирму «Рапид», говорит Михаил Крепкий, «У них есть для меня груз. Погрузите ящики с семенами в грузовик, привезите на ферму и разгрузите на фермерском дворе. Сделайте это быстро, потому что мне нужно использовать семена сегодня. И не забудьте помыть грузовик».

«Хорошо,» говорит Паша. Они заканчивают мыть и садятся в грузовик. У Паши есть водительские права, поэтому он ведёт грузовик. Он заводит двигатель и

Pascha und Robert waschen den Laster (Teil 1)

Pascha und Robert arbeiten jetzt auf einem Bauernhof. Sie arbeiten drei, vier Stunden am Tag. Die Arbeit ist ziemlich schwer. Sie müssen jeden Tag viel arbeiten. Sie machen den Hof jeden zweiten Tag sauber. Sie putzen die Maschinen jeden dritten Tag. Jeden vierten Tag arbeiten sie auf den Feldern. Ihr Arbeitgeber heißt Mikhail Krepki. Herr Krepki ist der Besitzer des Bauernhofs und er macht die meiste Arbeit. Herr Krepki arbeitet sehr hart. Er gibt Pascha und Robert auch viel Arbeit.

“Hey Jungs, macht die Maschinen fertig sauber und fahrt dann mit dem Laster zur Transportfirma Rapid”, sagt Herr Krepki. “Sie haben eine Ladung für mich. Ladet die Kisten mit dem Saatgut auf den Laster, bringt sie zum Bauernhof und ladet sie auf dem Hof ab. Beeilt euch, denn ich brauche das Saatgut heute. Und vergesst nicht, den Laster zu waschen.”

“Okay”, sagt Pascha. Sie machen die Maschine fertig sauber und steigen in den Laster. Pascha hat einen Führerschein, deswegen fährt er. Er macht den Motor

едет сначала медленно через фермерский двор, затем быстро по дороге.
Транспортная фирма «Рапид» находится недалеко от фермы. Они приезжают туда через пятнадцать минут. Там они ищут погрузочную дверь номер десять. Паша осторожно ведёт грузовик по погрузочному двору. Они проезжают мимо первой двери, мимо второй двери, мимо третьей, мимо четвёртой, мимо пятой, мимо шестой, мимо седьмой, мимо восьмой, затем мимо девятой погрузочной двери. Паша подъезжает к десятой погрузочной двери и тормозит.
«Сначала мы должны проверить погрузочный список,» говорит Роберт, у которого уже есть опыт с погрузочными списками в этой транспортной фирмой. Он идёт к грузчику, который работает на этой двери и даёт ему погрузочный список. Грузчик быстро загружает пять ящиков в их грузовик. Роберт внимательно проверяет ящики. Все ящики имеют номера из погрузочного списка.
«Номера правильные. Теперь мы можем ехать,» говорит Роберт.
«Порядок,» говорит Паша и заводит двигатель, «Я думаю, что теперь мы можем помыть грузовик. Недалеко отсюда есть подходящее место».
Через пять минут они приезжают на берег моря.
«Ты хочешь помыть грузовик здесь?» спрашивает Роберт удивлённо.
«Ну да! Хорошее место, правда?» говорит Паша.
«А где мы возьмём ведро?» спрашивает Роберт.
«Нам не надо ведро. Я подъеду очень близко к морю. Мы будем брать воду из моря», говорит Паша и подъезжает очень близко к воде. Передние колёса въезжают в воду и волны набегают на них.

an, fährt erst langsam durch den Hof und dann schnell die Straße entlang. Die Transportfirma Rapid ist nicht weit vom Bauernhof. Sie kommen dort nach fünfzehn Minuten an. Dort suchen sie die Verladetür Nummer zehn.
Pascha fährt den Laster vorsichtig über den Hof. Sie fahren an der ersten Verladetür vorbei, an der zweiten, an der dritten, an der vierten, an der fünften, an der sechsten, an der siebten, an der achten und dann an der neunten. Pascha fährt zur zehnten Verladetür und hält an.
“Wir müssen erst die Ladeliste kontrollieren”, sagt Robert, der schon Erfahrung mit den Ladelisten in dieser Firma hat. Er geht zum Verlader, der an der Tür arbeitet, und gibt ihm die Ladeliste. Der Verlader lädt schnell fünf Kisten in ihren Laster. Robert kontrolliert die Kisten sorgfältig. Alle Kisten haben Nummern von der Ladeliste.
“Die Nummern stimmen. Wir können jetzt gehen”, sagt Robert.
“Okay”, sagt Pascha und macht den Motor an. “Ich denke, wir können jetzt den Laster waschen. Nicht weit von hier ist ein passender Ort”.
Nach fünf Minuten kommen sie an die Küste.
“Willst du den Laster hier waschen?” fragt Robert überrascht.
“Ja! Schöner Platz, nicht?” sagt Pascha.
“Und woher bekommen wir einen Eimer?” fragt Robert.
“Wir brauchen keinen Eimer. Ich fahre ganz nah ans Meer. Wir nehmen das Wasser aus dem Meer”, sagt Pascha und fährt ganz nah ans Wasser. Die Vorderräder stehen im Wasser und die Wellen umspülen sie.
“Lass uns aussteigen und anfangen, zu waschen”, sagt Robert.

«Давай выйдем и начнём мыть», говорит Роберт.
«Подожди минутку. Я подъеду чуть ближе», говорит Паша и проезжает один или два метра дальше, «Вот так лучше».
Затем большая волна набегает, и вода немного поднимает грузовик и медленно несёт его дальше в море.
«Стоп! Паша, останови грузовик!» кричит Роберт, «Мы уже в воде! Пожалуйста, останови его!»
«Он не останавливается!!» кричит Паша, нажимая ногой на тормоз изо всей силы, «Я не могу остановить его!!»
Грузовик медленно плывёт дальше в море, покачиваясь на волнах как маленький корабль.

(продолжение следует)

"Warte kurz, ich fahre noch etwas näher ran", sagt Pascha und fährt ein, zwei Meter weiter. "So ist es besser".
Da kommt eine größere Welle und das Wasser hebt den Laster ein bisschen nach oben und trägt ihn langsam weiter ins Meer.
"Stopp! Pascha, halte den Laster an!" ruft Robert. "Wir sind schon im Wasser! Bitte, halt an!"
"Er hält nicht an!" ruft Pascha und tritt mit aller Kraft die Bremse. "Ich kann ihn nicht anhalten."
Der Laster treibt langsam weiter aufs Meer und schaukelt auf den Wellen wie ein kleines Schiff.

(Fortsetzung folgt)

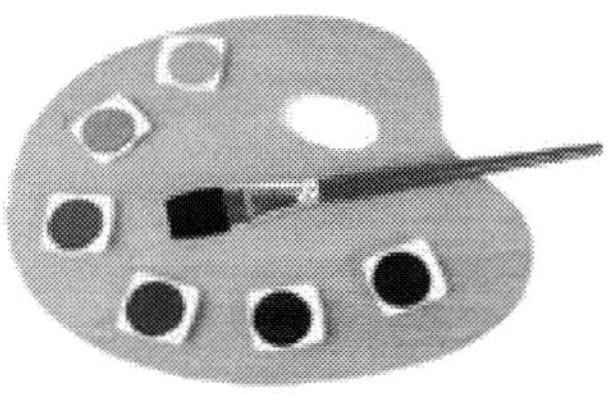

20

Паша и Роберт моют грузовик (часть 2)

Pascha und Robert waschen den Laster (Teil 2)

A

Слова

1. авария - der Unfall
2. берег - die Küste
3. были - waren
4. ветер - der Wind
5. влево / налево - links
6. восстанавливать - gesund pflegen
7. восстановление - die Genesung, Rehabilitation
8. вправо - rechts
9. господин Соколов - Hr. Sokolov
10. двадцать пять - fünfundzwanzig
11. деньги - das Geld
12. для, на - für
13. до - zuvor, bevor
14. дорогой - lieber, liebe; teuer
15. журналист - der Journalist
16. завтра - morgen
17. загрязнять - verschmutzen
18. кит - der Wal; кит-убийца - der Schwertwal
19. контроль - die Kontrolle
20. кормить - füttern
21. который - der, die, das *(konj.)*
22. (мне) интересно / любопытно - ich frage mich
23. нефть - das Öl
24. никогда - nie
25. отпускать - freisetzen
26. плавать - schwimmen
27. плывущий - schwimmender, treibender
28. погружаться - sinken, eintauchen
29. постоянный - beständig
30. почистил - säuberte
31. пример - das Beispiel; например - zum Beispiel
32. проглотить - (hinunter)schlucken
33. происходить - passieren; произошло - passiert
34. птица - der Vogel
35. речь - die Rede
36. ситуация - die Situation
37. смеяться - lachen
38. сообщать - informieren, mitteilen

39. спасательная служба - der Rettungsdienst
40. спасать - retten
41. танкер - der Tanker
42. течение - der Fluss
43. (тому) назад - vor; год (тому) назад - vor einem Jahr
44. тысяча - eintausend
45. убийца - der Mörder
46. уволить - feuern
47. удивительный - wunderbar
48. управлять / рулить - lenken
49. фотографировать / снимать - fotografieren; фотография / снимок - die Fotografie; фотограф - der Fotograf
50. хотел - wollte
51. церемония - die Feier

B

Паша и Роберт моют грузовик (часть 2)

Грузовик медленно плывёт дальше в море, покачиваясь на волнах как маленький корабль. Паша рулит вправо и влево, нажимая на тормоз и на газ. Но он не может контролировать грузовик. Сильный ветер несёт его вдоль берега. Паша и Роберт не знают что делать. Они просто сидят и смотрят из окна. Морская вода начинает течь вовнутрь.
«Давай выйдем и сядем на крышу,» говорит Роберт.
Они садятся на крышу.
«Мне интересно, что скажет господин Крепкий?» говорит Роберт.
Грузовик медленно плывёт метрах в двадцати от берега. Люди на берегу останавливаются и удивлённо смотрят на него.
«Господин Крепкий может уволить нас,» отвечает Паша.

Тем временем руководитель университета господин Соколов приходит в свой офис. Секретарь говорит ему, что сегодня будет церемония. Будут отпускать на волю двух птиц после восстановления. Работники реабилитационного центра счистили с них нефть после катастрофы с танкером «Большой Загрязнитель», которая

Pascha und Robert waschen den Laster (Teil 2)

Der Laster treibt langsam weiter aufs Meer und schaukelt auf den Wellen wie ein kleines Schiff. Pascha lenkt nach links und nach rechts, während er auf die Bremse und aufs Gas tritt. Aber er kann den Laster nicht kontrollieren. Ein starker Wind trägt ihn die Küste entlang. Pascha und Robert wissen nicht, was sie tun sollen. Sie sitzen einfach da und schauen aus dem Fenster. Das Meerwasser beginnt, in den Laster zu laufen.
"Lass uns nach draußen gehen und uns aufs Dach setzen", sagt Robert.
Sie setzen sich aufs Dach.
"Ich frage mich, was Herr Krepki sagen wird", sagt Robert.
Der Laster treibt langsam etwa zwanzig Meter von der Küste entfernt. Einige Leute an der Küste bleiben stehen und schauen verwundert.
"Herr Krepki wird uns wohl feuern", antwortet Pascha.

In der Zwischenzeit kommt der Direktor der Universität, Herr Sokolov, in sein Büro. Die Sekretärin sagt ihm, dass es heute eine Feier gibt. Sie werden zwei Vögel nach deren Genesung freisetzen.

произошла месяц назад. Господин Соколов должен сделать там речь. Церемония начинается через двадцать пять минут. Господин Соколов и его секретарь берут такси и через десять минут приезжают к месту церемонии. Эти две птицы уже там. Теперь они не такие белые, как обычно. Но теперь они снова могут летать и плавать. Здесь сейчас много людей, журналистов и фотографов. Через две минуты церемония начинается. Господин Соколов начинает речь.

«Дорогие друзья!» говорит он, «Катастрофа с танкером «Большой Загрязнитель», произошла на этом месте месяц назад. Теперь мы должны восстановить много птиц и животных. Это стоит много денег. Например, восстановление каждой из этих двух птиц стоит пять тысяч рублей! И теперь я рад сообщить вам, что после месяца восстановления эти две удивительные птицы будут отпущены.»

Два человека берут ящик с птицами, несут его к воде и открывают. Птицы выходят из ящика и затем прыгают в воду и плывут.

Фотографы делают снимки. Журналисты расспрашивают работников восстановительного центра о животных.

Неожиданно большой кит-убийца выплывает, быстро проглатывает птиц и снова погружается. Все люди смотрят на то место, где до этого были птицы. Руководитель университета не верит своим глазам. Кит-убийца всплывает снова в поисках других птиц. Так как больше птиц нет, он опять уходит под воду. Господин Соколов теперь должен закончить свою речь.

«Э-э...,» он подбирает подходящие слова, «Удивительное постоянное течение жизни никогда не останавливается. Большие

Arbeiter des Rehabilitationszentrums haben sie nach dem Unfall mit dem Tanker Gran Pollución von Öl gesäubert. Der Unfall passierte vor einem Monat. Herr Sokolov muss dort eine Rede halten. Die Feier beginnt in fünfundzwanzig Minuten. Herr Sokolov und seine Sekretärin nehmen ein Taxi und kommen nach zehn Minuten am Ort der Feier an. Die zwei Vögel sind bereits da. Jetzt sind sie nicht so weiß wie normalerweise. Aber sie können wieder schwimmen und fliegen. Es sind viele Menschen, Journalisten und Fotografen da. Zwei Minuten später beginnt die Feier. Herr Sokolov beginnt seine Rede.

"Liebe Freunde", sagt er. "Vor einem Monat passierte an dieser Stelle der Unfall mit dem Tanker Gran Pollución. Wir müssen jetzt viele Vögel und Tiere gesund pflegen. Das kostet viel Geld. Die Rehabilitation dieser zwei Vögel zum Beispiel kostet 5000 Rubl! Und es freut mich, Ihnen mitteilen zu können, dass diese zwei wunderbaren Vögel nach einem Monat Rehabilitation freigesetzt werden."

Zwei Männer nehmen die Kiste mit den Vögeln, bringen sie zum Wasser und öffnen sie. Die Vögel kommen aus der Kiste, springen ins Wasser und schwimmen. Die Fotografen machen Fotos. Die Journalisten befragen Arbeiter des Rehabilitationszentrums über die Tiere. Plötzlich taucht ein großer Schwertwal auf, schluckt schnell die zwei Vögel hinunter und verschwindet wieder. Alle Leute schauen auf die Stelle, an der die Vögel zuvor gewesen waren. Der Direktor der Universität traut seinen Augen nicht. Der Schwertwal taucht wieder auf und sucht nach mehr Vögeln. Da es keine Vögel mehr gibt, verschwindet er wieder. Herr Sokolov muss seine Rede beenden.

"Ähm...", er sucht nach passenden

животные едят меньших животных и так далее.. э-э.. что это?» говорит он, глядя на воду. Все смотрят туда и видят большой грузовик, плывущий вдоль берега и покачивающийся на волнах как корабль. Два парня сидят на нём и смотрят на место церемонии.
«Здравствуйте господин Соколов,» говорит Роберт, «Зачем Вы кормите китов-убийц птицами?
«Здравствуй Роберт,» отвечает господин Соколов, «Что вы там делаете парни?»
«Мы хотели помыть грузовик,» отвечает Паша.
«Понимаю,» говорит господин Соколов. Некоторых людей эта ситуация начинает смешить. Они начинают смеяться.
«Ну что же, сейчас я вызову спасательную службу. Они достанут вас из воды. А завтра я хочу видеть вас в моём офисе,» говорит руководитель университета и звонит в спасательную службу.

Worten. "Der wundervolle, beständige Fluss des Lebens hört nie auf. Größere Tiere essen kleinere Tiere und so weiter...ähm..was ist das?" fragt er aufs Wasser schauend. Alle schauen aufs Wasser und sehen einen großen Laster, der die Küste entlang treibt und auf den Wellen schaukelt wie ein Schiff. Zwei Jungen sitzen auf ihm und schauen zum Platz der Feier.
"Hallo Herr Sokolov", sagt Robert. "Warum füttern Sie Schwertwale mit Vögeln?"
"Hallo Robert", antwortet Herr Sokolov. "Was macht ihr da, Jungs?"
"Wir wollten den Laster waschen", sagt Pascha.
"Alles klar", sagt Herr Sokolov. Einige Leute beginnen, an der Situation ihren Spaß zu haben. Sie fangen an, zu lachen.
"Gut, ich rufe jetzt den Rettungsdienst. Der wird euch aus dem Wasser holen. Und ich möchte euch morgen in meinem Büro sehen", sagt der Direktor der Universität und ruft den Rettungsdienst.

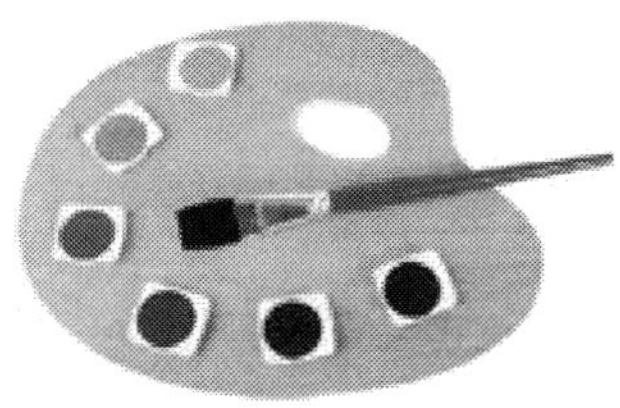

21

Урок
Eine Unterrichtsstunde

A

Слова

1. банка - der Krug
2. без - ohne
3. важный - wichtig
4. вещь, предмет - das Ding, die Sache
5. внимание - die Aufmerksamkeit
6. всё еще - noch, weiterhin
7. всегда - immer
8. действительно - wirklich
9. дети - die Kinder
10. друг - der Freund
11. ещё - noch
12. заботиться - sich kümmern um
13. здоровье - die Gesundheit
14. камень - der Stein
15. класс - die Klasse
16. лишь - nur
17. маленький - klein
18. медицинский - medizinisch
19. между - zwischen
20. меньше, менее - weniger
21. (на)сыпать - schütten, gießen
22. оставаться - bleiben
23. песок - der Sand
24. подруга - die Freundin
25. пустой - leer
26. родитель - die Eltern
27. слегка - leicht
28. способ - Art und Weise
29. счастье - das Glück
30. телевидение - der Fernseher
31. терять - verlieren
32. тратить - ausgeben, verwenden
33. убрать / убирать - wegnehmen
34. уделять время - Zeit zuteilen / finden
35. что-нибудь - etwas
36. это - diese Dinge
37.

B

Урок

Руководитель университета стоит перед классом. На столе перед ним несколько коробок и других предметов. Когда урок начинается, он берёт большую пустую банку и без слов наполняет её большими камнями.
«Вы думаете эта банка уже полная?» спрашивает господин Соколов студентов.
«Да,» соглашаются студенты.
Тогда он берёт коробку с очень маленькими камнями и насыпает их в банку. Он слегка трясёт банку. Маленькие камни, конечно, заполняют место между большими камнями.
«Что вы думаете теперь? Банка уже полная, не так ли?» господин Соколов спрашивает их снова.
«Да. Теперь она полная,» соглашаются студенты снова. Им этот урок начинает нравиться. Они начинают смеяться.
Затем господин Соколов берёт коробку с песком и высыпает его в банку. Песок, конечно, заполняет всё остальное место.
«Теперь я хочу, чтобы вы подумали об этой банке, как о жизни человека. Большие камни - это важные вещи, - ваша семья, ваш парень или девушка, ваше здоровье, ваши дети, ваши родители - те вещи, которые, если вы всё потеряете и останутся только они, всё равно будут делать вашу жизнь полной. Маленькие камни - это другие вещи, которые менее важны. Это такие вещи, как ваш дом, ваша работа, ваша машина. Песок - это всё остальное, - мелочи. Если вы сначала поместите песок в банку, то не останется места для маленьких или больших камней. Так же и в жизни. Если вы

Eine Unterrichtsstunde

Der Direktor der Universität steht vor der Klasse. Auf dem Tisch vor ihm liegen Kisten und andere Dinge. Als der Unterricht beginnt, nimmt er einen großen, leeren Krug und füllt ihn wortlos mit großen Steinen.
"Meint ihr, dass der Krug schon voll ist?" fragt Herr Sokolov die Studenten.
"Ja, das ist er", stimmen die Studenten zu.
Da nimmt er eine Kiste mit sehr kleinen Steinen und schüttet sie in den Krug. Er schüttelt den Krug leicht. Die kleinen Steine füllen natürlich den Platz zwischen den großen Steinen.
"Was meint ihr jetzt? Der Krug ist voll, oder nicht?" fragt Herr Sokolov sie wieder.
"Ja, das ist er. Er ist jetzt voll", stimmen die Studenten wieder zu. Der Unterricht beginnt, ihnen Spaß zu machen. Sie lachen.
Da nimmt Herr Sokolov eine Kiste mit Sand und schüttet ihn in den Krug. Der Sand füllt natürlich den restlichen Platz.
"Jetzt möchte ich, dass ihr in diesem Krug das Leben seht. Die großen Steine sind wichtige Dinge - eure Familie, eure Freundin oder euer Freund, Gesundheit, Kinder, Eltern - Dinge, die euer Leben, wenn ihr alles verliert und nur sie bleiben, weiterhin füllen. Kleine Steine sind andere Dinge, die weniger wichtig sind. Dinge wie euer Haus, Job, Auto. Der Sand ist alles andere - die kleinen Dinge. Wenn ihr zuerst Sand in den Krug füllt, bleibt kein Platz für kleine oder große Steine. Das Gleiche gilt fürs Leben. Wenn ihr eure ganze Zeit und Energie für die kleinen Dinge verwendet, werdet ihr nie Platz für

тратите всё своё время и энергию на мелочи, у вас никогда не будет места для вещей, которые важны для вас. Уделяйте внимание вещам, которые наиболее важны для вашего счастья. Играйте со своими детьми или родителями. Уделяйте время для прохождения медицинских проверок. Сводите своего друга или подругу в кафе. Всегда будет время, чтобы пойти на работу, убрать в доме и посмотреть телевизор,» говорит господин Соколов, «Заботьтесь сначала о больших камнях - вещах, которые действительно важны. Всё остальное лишь песок,» он смотрит на студентов, «Теперь Роберт и Паша, что важнее для вас - мыть грузовик или ваши жизни? Вы плаваете на грузовике по морю, как на корабле, лишь потому что вы хотели помыть этот грузовик. Вы полагаете, что нет другого способа помыть его?»
«Нет, мы так не думаем,» говорит Паша.
«Вы можете помыть грузовик на моечной станции, не так ли?» говорит господин Соколов.
«Да, это так,» говорят студенты.
«Вы всегда должны думать перед тем, как сделать что-нибудь. Вы всегда должны заботиться о больших камнях, правильно?»
«Да,» отвечают студенты.

die Dinge haben, die euch wichtig sind. Achtet auf Dinge, die für euer Glück am wichtigsten sind. Spielt mit euren Kindern oder Eltern. Nehmt euch die Zeit für medizinische Untersuchungen. Geht mit eurer Freundin oder eurem Freund ins Café. Es wird immer Zeit bleiben, um zu arbeiten, das Haus zu putzen oder fernzusehen", sagt Herr Sokolov. "Kümmert euch erst um die großen Steine - um die Dinge, die wirklich wichtig sind. Alles andere ist nur Sand", er schaut die Studenten an. "Nun, Robert und Pascha, was ist euch wichtiger - einen Laster zu waschen oder euer Leben? Ihr treibt auf einem Laster im Meer wie auf einem Schiff, nur weil ihr den Laster waschen wolltet. Glaubt ihr, dass es keine andere Möglichkeit gibt, ihn zu waschen?"
"Nein, das glauben wir nicht", sagt Pascha.
"Man kann einen Laster stattdessen in einer Waschanlage waschen, nicht wahr?" sagt Herr Sokolov.
"Ja, das kann man", sagen die Studenten.
"Ihr müsst immer erst nachdenken, bevor ihr handelt. Ihr müsst euch immer um die großen Steine kümmern, okay?"
"Ja, das müssen wir", antworten die Studenten.

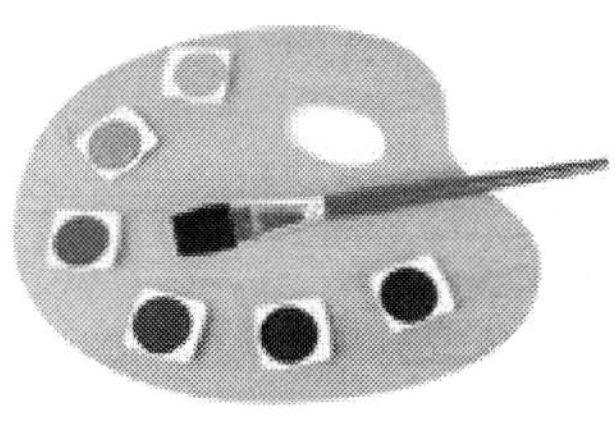

22

Кристиан работает в издательстве
Kristian arbeitet in einem Verlag

A

Слова

1. автоответчик - der Anrufbeantworter
2. будущий - zukünftig
3. вместо (+Genitive) - anstelle
4. во время - zu Zeiten
5. возможный - möglich
6. газета - die Zeitung
7. готовый - fertig
8. грустный - traurig
9. дождь - der Regen
10. журнал - die Zeitschrift
11. забавный - lustig
12. записывать - aufnehmen
13. звонить - anrufen
14. значить - bedeuten
15. и так далее - usw.
16. игра - das Spiel
17. история - die Geschichte
18. как можно чаще - so oft wie möglich
19. клиент - der Kunde
20. компания - die Firma
21. координация - die Koordination
22. лестница - die Treppe
23. лис(а) - der Fuchs
24. минимум - wenigstens
25. мир - die Welt
26. на улице - draußen
27. никто - niemand
28. ничего / ничто - nichts
29. нос - die Nase
30. особенно - vor allem
31. отказывать(-ся) - ablehnen
32. перед - gegen, vor, bevor
33. подойти для.. - geeignet sein für..
34. получить - bekommen
35. правило - die Regel
36. привет - hallo
37. прогулка - Spaziergang
38. продавать - verkaufen
39. производить - herstellen
40. профессия - der Beruf
41. развивать - entwickeln
42. разговаривать - sich unterhalten

43. различный - verschieden
44. сигнал - der Piepton
45. сон - schlafen
46. составить / составлять - entwerfen, verfassen
47. сочинение, композиция - der Entwurf, der Text
48. так как - da, weil
49. творческий - kreativ
50. текст - der Text
51. тёмный - dunkel
52. тридцать - dreißig
53. трудный - schwer
54. убедиться - eine Überzeugung gewinnen
55. умение, навык - die Fähigkeit
56. холодный - kalt; холод - die Kälte
57. человек - der Mensch; человеческий - menschlich
58. что насчёт…? - was ist mit…?

B

Кристиан работает в издательстве

Кристиан работает молодым помощником в издательстве «Всё подряд». Он выполняет письменную работу.
«Кристиан, название нашей фирмы «Всё подряд»,» говорит руководитель фирмы господин Лис, «И это значит, что мы можем сделать любое текстовое сочинение и дизайнерскую работу для любого клиента. Мы получаем много заказов от газет, журналов и других клиентов. Все заказы разные, но мы никогда не отказываемся.»
Кристиану очень нравится эта работа потому что он может развивать свои творческие способности. Он любит творческую работу такую, как письменные композиции и дизайн. Так как он изучает дизайн в университете, то это очень подходящая работа для его будущей профессии.
Сегодня у господина Лиса есть несколько новых заданий для него.
«У нас есть несколько заказов. Ты можешь сделать два из них,» говорит господин Лис, «Первый заказ от телефонной компании. Они производят телефоны с автоответчиками. Им нужны смешные тексты для автоответчиков. Ничто не

Kristian arbeitet in einem Verlag

Kristian arbeitet als junger Helfer im Verlag All-Round. Er erledigt Schreibarbeiten.
"Kristian, unsere Firma heißt All-Round", sagt der Firmenchef Herr Lis. "Und das heißt, dass wir für jeden Kunden jede Art von Text und Design entwickeln können. Wir bekommen viele Aufträge von Zeitungen, Zeitschriften und anderen Kunden. Alle Aufträge sind verschieden, aber wir lehnen nie einen ab."
Kristian mag diesen Job sehr, da er kreative Fähigkeiten entwickeln kann. Kreative Arbeit wie Schreiben und Design gefällt ihm. Da er Design an der Universität studiert, ist es ein passender Job für seinen zukünftigen Beruf.
Heute hat Herr Lis neue Aufgaben für ihn.
"Wir haben einige Aufträge. Du kannst zwei davon erledigen", sagt Herr Lis. "Der erste Auftrag ist von einer Telefonfirma. Sie stellen Telefone mit Anrufbeantwortern her. Sie brauchen ein paar lustige Texte für die Anrufbeantworter. Nichts verkauft sich besser als etwas Lustiges. Entwirf bitte

продаётся лучше, чем смешные вещи. Пожалуйста, составь четыре или пять текстов.»
«Насколько длинными они должны быть?» спрашивает Кристиан.
«Они могут быть от пяти до тридцати слов,» отвечает господин Лис, «А второй заказ - из журнала «Зелёный мир». Этот журнал пишет про животных, птиц, рыб и так далее. Им нужен текст про любое домашнее животное. Он может быть смешным или грустным, или просто история про твоё собственное животное. У тебя есть животное?»
«Да. У меня есть кот. Его зовут Фаворит,» отвечает Кристиан, «И я думаю, что смогу написать историю про его трюки. Когда это должно быть готово?»
«Эти два заказа должны быть готовы к завтрашнему дню,» отвечает господин Лис.
«Хорошо. Можно начать сейчас?» спрашивает Кристиан.
«Да, Кристиан,» говорит господин Лис.

Кристиан приносит тексты на следующий день. У него пять текстов для автоответчиков. Господин Лис читает их:

1. «Привет. Теперь ты скажи что-нибудь.»
2. «Привет. Я автоответчик. А что ты?»
3. «Здравствуйте. Сейчас никого нет дома кроме моего автоответчика. Поэтому вы можете поговорить с ним вместо меня. Ждите сигнала.»
4. «Это не автоответчик. Это машина, записывающая мысли. После сигнала подумайте о своём имени, о причине звонка и о номере, куда я смогу позвонить вам. А я подумаю о том, звонить ли вам.»
5. «Говорите после сигнала! У вас есть право молчать. Я запишу и использую всё, что вы скажете.»

«Это не плохо. А что насчёт животных?»

vier, fünf Texte."
"Wie lang sollen sie sein?" fragt Kristian.
"Sie können fünf bis dreißig Wörter haben", antwortet Herr Lis. "Der zweite Auftrag ist von der Zeitung "Grüne Welt". Diese Zeitung schreibt über Tiere, Vögel, Fische usw. Sie brauchen einen Text über irgendein Haustier. Er kann lustig oder traurig sein oder einfach eine Geschichte über dein eigenes Haustier. Hast du ein Haustier?"
"Ja, ich habe eine Katze. Sie heißt Favorite", antwortet Kristian. "Und ich denke, ich kann eine Geschichte über ihre Streiche schreiben. Wann sollen die Texte fertig sein?"
"Diese zwei Aufträge sollen bis morgen fertig sein", antwortet Herr Lis.
"Gut. Kann ich anfangen?" fragt Kristian.
"Ja", sagt Herr Lis.

Kristian bringt die Texte am nächsten Tag. Er hat fünf Texte für den Anrufbeantworter. Herr Lis liest sie:
1. "Hallo. Jetzt musst du etwas sagen".
2. "Hallo, ich bin ein Anrufbeantworter. Und was bist du?"
3. "Hallo. Außer meinem Anrufbeantworter ist gerade niemand zuhause. Du kannst dich mit ihm unterhalten. Warte auf den Piepton".
4. "Das ist kein Anrufbeantworter. Das ist ein Gedankenaufnahmegerät. Nach dem Piepton denke an deinen Namen, den Grund, aus dem du anrufst, und die Nummer, unter der ich dich zurückrufen kann. Und ich werde darüber nachdenken, ob ich dich zurückrufe."
5. "Sprechen Sie nach dem Piepton! Sie haben das Recht, Ihre Aussage zu verweigern. Ich werde alles, was Sie

спрашивает господин Лис. Кристиан даёт ему другой лист бумаги. Господин Лис читает:

Несколько правил для кошек

Прогулка:
Как можно чаще, быстро бегайте, как можно ближе перед людьми, особенно на лестницах, когда у них есть что-нибудь в руках, в темноте, и когда они только встали утром. Это потренирует их координацию.
В кровати:
Ночью всегда спите на человеке. Так он или она не смогут повернуться в кровати. Старайтесь лежать на его или её лице. Убедитесь, что ваш хвост на их носу.
Сон:
Чтобы иметь много энергии для игр, кошка должна много спать (минимум шестнадцать часов в день). Это не трудно найти подходящее место для сна. Подойдёт любое место, где любит сидеть человек. Также есть хорошие места на улице. Но вы не сможете использовать их во время дождя или когда холодно. Вместо этого вы можете воспользоваться открытыми окнами.
Господин Лис смеётся.
«Хорошая работа, Кристиан! Я думаю журналу «Зелёный мир» понравится твоя композиция,» говорит он.

sagen, aufzeichnen und verwenden."
"Nicht schlecht. Und was ist mit den Tieren?" fragt Herr Lis. Kristian gibt ihm ein anderes Blatt. Herr Lis liest:

Regeln für Katzen

Laufen:
Renne so oft wie möglich schnell und nahe an einem Menschen vorbei, vor allem: auf Treppen, wenn sie etwas tragen, im Dunkeln und wenn sie morgens aufstehen. Das trainiert ihre Koordination.
Im Bett:
Schlafe nachts immer auf dem Menschen, damit er sich nicht umdrehen kann. Versuche, auf seinem Gesicht zu liegen. Vergewissere dich, dass dein Schwanz genau auf seiner Nase liegt.
Schlafen:
Um genug Energie zum Spielen zu haben, muss eine Katze viel schlafen (mindestens 16 Stunden am Tag). Es ist nicht schwer, einen passenden Schlafplatz zu finden. Jeder Platz, an dem ein Mensch gerne sitzt, ist gut. Draußen gibt es auch viele gute Plätze. Du kannst sie aber nicht verwenden, wenn es regnet oder kalt ist. Du kannst stattdessen das offene Fenster verwenden.
Herr Lis lacht.
"Gute Arbeit, Kristian! Ich denke, die Zeitung "Grüne Welt" wird deinen Entwurf mögen", sagt er.

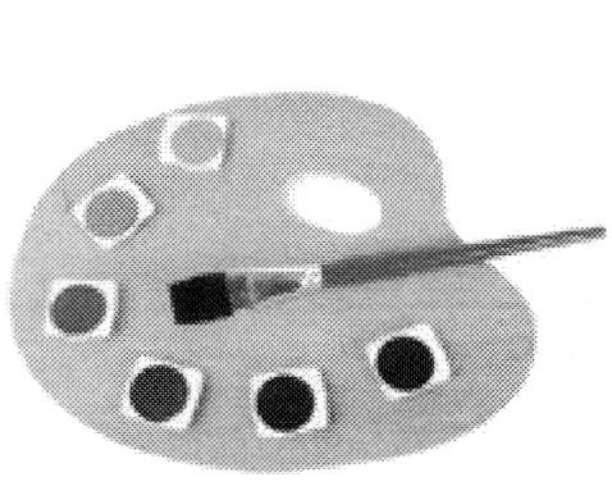

23

Правила для кошек
Katzenregeln

A

Слова

1. абсолютный / полный - absolut
2. вкусный - lecker
3. глядеть - zuschauen
4. гость - der Gast
5. готовка еды - das Kochen
6. домашняя работа - die Hausaufgaben
7. думая - denkend
8. еда - das Essen
9. забыть - vergessen
10. загадка - das Rätsel
11. заставить / заставлять - zwingen
12. захватить - erbeuten
13. иногда - manchmal, ab und zu
14. клавиатура - die Tastatur
15. комар - die Stechmücke
16. красть / воровать - stehlen
17. кусать - beißen
18. любовь - die Liebe, любить - lieben
19. мало - wenig
20. нога - das Bein
21. паниковать - in Panik versetzen
22. планета - der Planet
23. погода - das Wetter
24. притвориться / притворяться - vorgeben; so tun, als ob
25. прятать(-ся) - sich verstecken; прятки - das Versteckspiel
26. ребёнок - das Kind
27. сезон - die (Jahres)zeit

28. секрет - das Geheimnis
29. сзади - hinter
30. сразу - gleich
31. становиться - werden
32. суметь - schaffen
33. тарелка - der Teller
34. тереть(-ся) - reiben (sich)
35. туалет - die Toilette
36. убежал - lief weg
37. удовольствие - der Spaß
38. укрытие - die Abdeckung
39. хотя - obwohl
40. целовать - küssen
41. чтение - das Lesen
42. читающий - lesende
43. что-нибудь - etwas
44. шаг - der Schritt
45. наступать - treten
46. шанс - die Chance
47. школа - die Schule

B

Правила кошек

«Журнал «Зелёный мир» размещает новый заказ,» говорит господин Лис Кристиану на следующий день, «И этот заказ для тебя, Кристиан. Им нравится твоё сочинение и они хотят текст побольше про «Правила для кошек». Составление этого текста занимает у Кристиана два дня. Вот он.

Несколько секретных правил для кошек

Хотя кошки лучшие и самые удивительные животные на этой планете, иногда они делают странные вещи. Одному из людей удалось узнать несколько Кошачьих Секретов. Это - несколько правил жизни, чтобы захватить мир! Но как эти правила помогут кошкам, всё ещё остаётся полной загадкой для людей.
Ванные комнаты:
Всегда ходите с гостями в ванную и туалет. Вам не надо ничего делать. Просто сидите и смотрите и иногда тритесь об их ноги.
Двери:
Все двери должны быть открыты. Чтобы дверь открыли, стойте, грустно глядя на

Katzenregeln

"Die Zeitschrift "Grüne Welt" hat uns einen neuen Auftrag erteilt", sagt Herr Lis am nächsten Tag zu Kristian. "Und dieser Auftrag ist für dich. Ihnen hat dein Entwurf gefallen und sie wollen einen längeren Text über "Katzenregeln".
Kristian braucht zwei Tage für diesen Text. Hier ist er.

Geheime Regeln für Katzen

Obwohl Katzen die besten und wundervollsten Tiere auf diesem Planeten sind, tun sie manchmal sehr seltsame Dinge. Einem Menschen ist es gelungen, ein paar Katzengeheimnisse zu stehlen. Es sind Lebensregeln, um die Weltherrschaft zu übernehmen! Es bleibt jedoch ein Rätsel, wie diese Regeln den Katzen helfen sollen.
Badezimmer:
Gehe immer mit Gästen ins Badezimmer und auf die Toilette. Du musst nichts tun. Sitze einfach nur da, schaue sie an und reibe dich ab und zu an ihren Beinen.
Türen:
Alle Türen müssen offen sein. Um eine Tür zu öffnen, stelle dich mit einem traurigen Blick vor den Menschen. Wenn er eine Tür öffnet, musst du nicht durchgehen. Wenn du

людей. Когда они открывают дверь, вам не обязательно проходить в неё. После того, как вы откроете, таким способом, дверь на улицу, станьте в дверях и подумайте о чём-нибудь. Это особенно важно во время холодной погоды, дождя или сезона комаров.
Готовка еды:
Всегда сидите сразу сзади правой ноги человека. Так чтобы он не видел вас и тогда будет выше шанс, что человек наступит на вас. Когда это происходит, они берут вас на руки и дают поесть что-нибудь вкусное.
Чтение книг:
Старайтесь подойти поближе к лицу читающего человека, между глазами и книгой. Лучше всего лечь на книгу.
Школьная домашняя работа детей:
Ложитесь на книги и тетради и притворитесь, что спите. Но иногда прыгайте на авторучку. Кусайтесь, если ребёнок попытается убрать вас со стола.
Компьютер:
Если человек работает на компьютере, прыгните на стол и пройдите по клавиатуре.
Еда:
Кошки должны есть много. Но еда - лишь половина удовольствия. Другая половина - добыть еду. Когда люди едят, положите хвост в их тарелку, когда они не смотрят. Это даст вам лучшие шансы получить полную тарелку еды. Никогда не ешьте из своей собственной тарелки, если вы можете взять еду со стола. Никогда не пейте со своей собственной тарелки с водой, если вы можете пить из чашки человека.
Прятки:
Прячьтесь в местах, где люди не смогут найти вас несколько дней. Это заставит людей паниковать (они это любят),

auf diese Weise die Haustür geöffnet hast, bleibe in der Tür stehen und denke nach. Das ist vor allem wichtig, wenn es sehr kalt ist oder regnet oder in der Stechmückenzeit.
Kochen:
Setze dich immer genau hinter den rechten Fuß von kochenden Menschen. So können sie dich nicht sehen und die Chance ist größer, dass sie auf dich treten. Wenn das passiert, nehmen sie dich auf den Arm und geben dir etwas Leckeres zu essen.
Lesen:
Versuche, nahe an das Gesicht der lesenden Person zu kommen, zwischen Augen und Buch. Am besten ist es, sich auf das Buch zu legen.
Hausaufgaben der Kinder:
Lege dich auf Bücher und Hefte und tue so, als ob du schläfst. Springe von Zeit zu Zeit auf den Stift. Beiße, falls ein Kind versucht, dich vom Tisch zu verscheuchen.
Computer:
Wenn ein Mensch am Computer arbeitet, springe auf den Tisch und laufe über die Tastatur.
Essen:
Katzen müssen viel essen. Aber Essen ist nur der halbe Spaß. Die andere Hälfte ist, das Essen zu bekommen. Wenn Menschen essen, lege deinen Schwanz auf ihren Teller, wenn sie nicht hinschauen. Damit vergrößerst du deine Chancen, einen ganzen Teller Essen zu bekommen. Iss nie von deinem eigenen Teller, wenn du Essen vom Tisch nehmen kannst. Trink nie aus deiner eigenen Schüssel, wenn du aus der Tasse eines Menschen trinken kannst.
Verstecken:
Verstecke dich an Orten, an denen dich Menschen ein paar Tage lang nicht finden können. Das wird die Menschen in Panik versetzen (was sie lieben), weil sie glauben, dass du weggelaufen bist. Wenn du aus

думая что вы убежали. Когда вы выйдете из укрытия, люди будут целовать вас и показывать свою любовь. И вы сможете получить что-нибудь вкусное.
Люди:
Задача людей - кормить нас, играть с нами и чистить наш ящик. Важно, чтобы они не забывали, кто хозяин в доме.

deinem Versteck hervorkommst, werden sie dich küssen und dir ihre Liebe zeigen. Und du bekommst vielleicht etwas Leckeres.
Menschen:
Die Aufgabe des Menschen ist, uns zu füttern, mit uns zu spielen und unsere Kiste sauber zu machen. Es ist wichtig, dass sie nicht vergessen, wer der Chef im Haus ist.

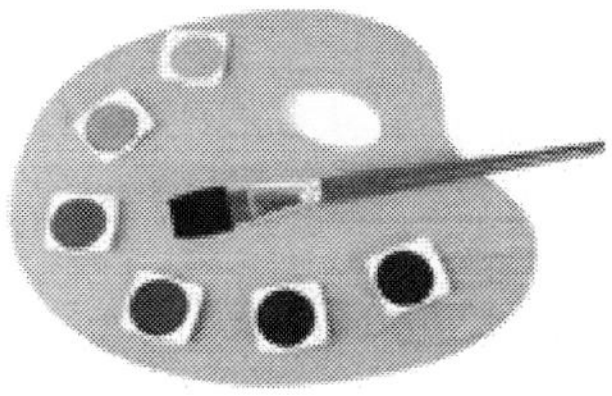

24

Работа в команде
Gruppenarbeit

A

Слова

1. Борис Проворнов - Boris Provornov
2. взять / принять участие - teilnehmen
3. включил - machte an
4. война - der Krieg
5. вспомнил - erinnerte sich
6. двигался - bewegte sich
7. до - bis, zu
8. закончил - machte fertig
9. земля - die Erde
10. знал - wusste
11. из-за - wegen
12. имел - hatte, gehabt
13. инопланетянин / пришелец - der Außerirdische
14. как будто - als ob
15. капитан - der Kapitän
16. коллега - der Kollege
17. короткий - kurz
18. космический корабль - das Raumschiff
19. космос - das Weltall
20. лазер - der Laser
21. любил - liebte, geliebt
22. любой - jeder; один из вас - einer von euch
23. миллиард - Billionen
24. направил на - richtete
25. начал - begann, begonnen
26. (об)радоваться - froh werden
27. остановил - beendete
28. падать - fallen; упал - fiel
29. перед тем, как - zuvor
30. посмотрел - sah, schaute, geschaut
31. прекрасный - wunderschön
32. преподавать - beibringen, lehren
33. пришёл - kam, gekommen
34. проворный - schnelle
35. продолжить - fortführen
36. против - gegen
37. работающий - arbeitende
38. радар - der Radar
39. радио - das Radio
40. разрушать - zerstören
41. сад - der Garten

42. сдаться - aufgeben
43. сериал - die Serie
44. сказал - sagte
45. скоро, вскоре - bald
46. слышал - hörte, gehört
47. сообщил - informierte, teilte mit
48. танцевать - tanzen; танцевал - tanzte; танцуя - tanzend
49. телевизор - der Fernseher
50. тряс(-ся) - wackelte
51. тысяча - tausend
52. убил - tötete, getötet *(part.)*
53. улетел - flog weg
54. улыбнулся - lächelte, gelächelt
55. умирать - sterben, умер - starb
56. уничтожить - zerstören
57. ушёл - ging (weg)
58. цветок - die Blume
59. центральный - Haupt-, zentral

B

Работа в команде

Паша хочет быть журналистом. Он учится в университете. У него сегодня урок по сочинению. Господин Соколов обучает студентов писать композиции. «Дорогие друзья,» говорит он, «некоторые из вас будут работать в издательствах, газетах или журналах, на радио или телевидении. Это значит, что вы будете работать в команде. Работа в команде - дело не простое. Сейчас я хочу, чтобы вы попробовали составить журналистское сочинение в команде. Мне нужен парень и девушка.»
Многие студенты хотят принять участие в командной работе. Господин Соколов выбирает Пашу и Кэрол. Кэрол из Испании, но она владеет русским очень хорошо.
«Пожалуйста, сядьте за этот стол. Теперь вы - коллеги,» говорит им господин Соколов, «Вы напишите короткую композицию. Любой из вас начнёт композицию и затем передаст её коллеге. Ваш коллега прочитает сочинение и продолжит его. Затем отдаст назад и первый прочитает и продолжит его. И так далее пока ваше время не закончится. Я даю вам двадцать минут.»

Gruppenarbeit

Pascha will Journalist werden. Er studiert an der Universität. Heute hat er einen Schreibkurs. Herr Sokolov bringt den Studenten bei, Artikel zu schreiben. "Liebe Freunde", sagt er, "ein paar von euch werden für Verlage, Zeitungen oder Zeitschriften, das Radio oder das Fernsehen arbeiten. Das bedeutet, dass ihr in einer Gruppe arbeiten werdet. Es ist nicht einfach, in einer Gruppe zu arbeiten. Ich möchte, dass ihr jetzt versucht, in einer Gruppe einen journalistischen Text zu schreiben. Ich brauche einen Jungen und ein Mädchen."
Viele Studenten wollen bei der Gruppenarbeit mitmachen. Herr Sokolov wählt Pascha und Carol. Carol kommt aus Spanien, aber sie spricht sehr gut Russisch.
"Setzt auch bitte an diesen Tisch. Ihr seid jetzt Kollegen", sagt Herr Sokolov zu ihnen. „Ihr werdet einen kurzen Text schreiben. Einer von euch beginnt den Text und gibt ihn dann seinem Kollegen. Der Kollege liest den Text und führt ihn dann fort. Dann gibt euer Kollege ihn zurück, der Erste liest ihn und führt ihn fort. Und so weiter, bis die Zeit vorbei ist. Ihr habt zwanzig Minuten".
Herr Sokolov gibt ihnen Papier und Carol

Господин Соколов даёт им бумагу и Кэрол начинает. Она немного думает и пишет.

Коллективное сочинение

Кэрол: Юлия посмотрела в окно. Цветы в её саду двигались на ветру, как будто танцуя. Она вспомнила тот вечер, когда танцевала с Борисом. Это было год назад, но она помнила всё - его голубые глаза, его улыбку и его голос. Это было счастливое время для неё, но теперь оно кончилось. Почему он был не с ней?
Паша: В эту секунду космический капитан Борис Проворнов был на космическом корабле «Белая звезда». У него было важное задание и у него не было времени думать о той глупой девушке, с которой он танцевал год назад. Он быстро направил лазеры «Белой звезды» на звездолёты инопланетян. Затем он включил радио и сказал инопланетянам: «Я даю вам один час, чтобы сдаться. Если через час вы не сдадитесь, я уничтожу вас.»
Но перед тем, как он закончил, лазер пришельцев ударил в левый двигатель «Белой звезды». Лазер Бориса начал бить по инопланетным кораблям и в эту же секунду он включил центральный и правый двигатели. Лазер инопланетян разрушил работающий правый двигатель и «Белая звезда» сильно сотряслась. Борис упал на пол, думая во время падения, который из инопланетных кораблей он должен уничтожить первым.
Кэрол: Но он ударился головой об металлический пол и умер в ту же секунду. Но перед тем, как он умер, он вспомнил о бедной прекрасной девушке, которая любила его и очень пожалел, что ушёл от неё. Скоро люди прекратили эту глупую войну против бедных

fängt an. Sie denkt kurz nach und schreibt dann.

Gruppenarbeit

Carol: Julia sah aus dem Fenster. Die Blumen in ihrem Garten bewegten sich im Wind, als ob sie tanzten. Sie erinnerte sich an den Abend, an dem sie mit Boris getanzt hatte. Das war vor einem Jahr, aber sie erinnerte sich an alles - seine blauen Augen, sein Lächeln, seine Stimme. Das war eine glückliche Zeit für sie gewesen, aber die war nun vorbei. Warum war er nicht bei ihr?
Pascha: Zu dieser Zeit war Raumschiffkapitän Boris Provornov in seinem Raumschiff White Star. Er hatte eine wichtige Mission und keine Zeit, über dieses dumme Mädchen, mit dem er vor einem Jahr getanzt hatte, nachzudenken. Schnell richtete er den Laser der White Star auf Raumschiffe Außerirdischer. Dann stellte er das Funkgerät an und sprach zu den Außerirdischen: "Ihr habt eine Stunde, um aufzugeben. Wenn ihr in einer Stunde nicht aufgebt, werde ich euch zerstören." Kurz bevor er seine Rede beendet hatte, traf jedoch ein Laser der Außerirdischen den linken Motor der White Star. Laser von Boris begann, auf die Raumschiffe der Außerirdischen zu schießen, und gleichzeitig schaltete Boris den Hauptmotor und den rechten Motor an. Der Laser der Außerirdischen zerstörte den funktionierenden rechten Motor und die White Star wackelte stark. Boris fiel auf den Boden und überlegte währenddessen, welches der Raumschiffe der Außerirdischen er zuerst zerstören müsse.
Carol: Aber er schlug mit seinem Kopf auf dem metallenen Boden auf und war sofort tot. Bevor er starb, dachte er noch an das arme schöne Mädchen, das ihn liebte, und

инопланетян. Они уничтожили все свои звездолёты и лазеры и сообщили инопланетянам, что люди никогда снова не начнут войну против них. Люди сказали, что они хотят быть друзьями инопланетян. Юлия очень обрадовалась, когда услышала об этом. Затем она включила телевизор и продолжила смотреть удивительный мексиканский сериал.
Паша: Из-за того, что люди уничтожили свои собственные радары, никто не знал, что звездолёты инопланетян подошли очень близко к Земле. Тысячи инопланетных лазеров ударили в Землю и за одну секунду убили бедную глупую Юлию и пять миллиардов людей. Земля была уничтожена и её куски разлетелись в космосе.

«Как я вижу, вы подошли к концу до того, как кончилось ваше время,» улыбнулся господин Соколов, «Ну что же, урок окончен. Давайте прочитаем и поговорим об этой композиции во время следующего урока.»

es tat ihm sehr leid, dass er sie verlassen hatte. Kurz darauf beendeten die Menschen den dummen Krieg gegen die armen Außerirdischen. Sie zerstörten alle ihre eigenen Raumschiffe und Laser und informierten die Außerirdischen, dass die Menschen nie wieder einen Krieg gegen sie beginnen würden. Die Menschen sagten, sie wollten Freunde der Außerirdischen sein. Julia war sehr froh, als sie davon hörte. Dann machte sie den Fernseher an und schaute eine tolle deutsche Serie weiter.
Pascha: Da die Menschen ihre eigenen Radare und Laser zerstört hatten, wusste niemand, dass Raumschiffe der Außerirdischen der Erde sehr nahe kamen. Tausende Laser der Außerirdischen trafen die Erde und töten die arme, dumme Julia und fünf Billionen Menschen in einer Sekunde. Die Erde war zerstört und ihre Teile flogen in den Weltraum hinaus.

"Wie ich sehe, habt ihr euren Text fertig, bevor die Zeit um ist", sagte Herr Sokolov lächelnd. "Gut, der Unterricht ist vorbei. Lasst uns das nächste Mal diese Gruppenarbeit lesen und darüber sprechen."

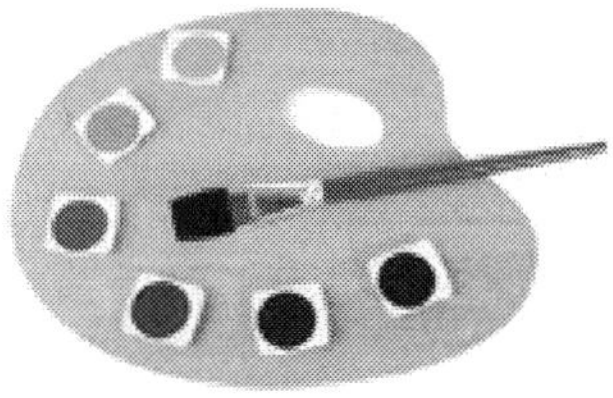

25

Роберт и Паша ищут новую работу

Robert und Pascha suchen einen neuen Job

A

Слова

1. аккуратный - fleissige
2. анкета - der Fragebogen
3. ветеринар - der Tierarzt
4. вид / тип - Art, Typ
5. во то время, как / пока - während
6. вознаграждение - die Entlohnung
7. возражать - dagegen sein, protestieren
8. возраст - das Alter
9. врач - der Arzt
10. вслух - laut
11. грязный - dreckig
12. Геншер - Genscher (Name)
13. домашнее животное - das Haustier
14. идея - die Idee
15. инженер - der Ingenieur
16. искусство - die Kunst
17. испанский - spanische
18. ковёр - der Teppich
19. консультация - die Beratung
20. котёнок - das Kätzchen
21. крыса - die Ratte
22. лидер - der Führer
23. личный - persönlich
24. метод - die Methode
25. мечта - der Traum; мечтать - träumen
26. монотонный - monoton
27. нашёл - gefunden
28. обслуживать - bedienen
29. объявление - das Inserat
30. оценивать - beurteilen
31. переводчик - der Übersetzer

32. переворачивать (страницу) - durchblättern
33. писатель - der Schriftsteller
34. прежде чем - bevor
35. приветствовать - grüssen
36. природа - die Natur
37. (про)анализировать - analysieren
38. программист - der Programmierer
39. разрешить / разрешать - erlauben, gestatten
40. разъезжать - reisen
41. рекомендовать - empfehlen, рекомендация - die Empfehlung
42. рубрика - die Rubrik
43. сосед - der Nachbar
44. спаниель - der Spaniel
45. способность / одарённость - die Begabung
46. фермер - der Bauer
47. хитрый - schlau
48. художник - der Künstler
49. щенок - der Welpe

B

Роберт и Паша ищут новую работу

Роберт и Паша дома у Паши. Паша убирает стол после завтрака, а Роберт читает рекламу и объявления в газете. Он читает рубрику «Животные». Аня, сестра Паши, тоже в комнате. Она пытается поймать кошку, которая прячется под кроватью.
«Так много бесплатных животных в газете. Я наверное выберу кошку или собаку. Паша, как ты думаешь?» спрашивает Роберт Пашу.
«Аня, не донимай кошку!», говорит Паша сердито, «Что-же Роберт, это неплохая идея. Твой любимец всегда будет ждать тебя дома. Он будет так рад, когда ты будешь возвращаться домой и давать ему еду. И не забывай, что ты должен будешь гулять со своим любимцем по утрам и вечерам или чистить его коробку. Иногда тебе придётся чистить ковёр или возить своего любимца к ветеринару. Поэтому подумай хорошенько прежде чем брать животное.»
«Вот, здесь есть несколько объявлений. Послушай,» говорит Роберт и начинает читать вслух.
«Найдена грязная белая собака, выглядит

Robert und Pascha suchen einen neuen Job

Robert und Pascha sind bei Pascha zuhause. Pascha macht den Tisch nach dem Frühstück sauber und Robert liest Anzeigen und Inserate in der Zeitung. Er liest die Rubrik "Tiere". Paschas Schwester Ania ist auch im Zimmer. Sie versucht, die Katze, die sich unterm Bett versteckt, zu fangen.
"Es gibt so viele kostenlose Tiere in der Zeitung. Ich denke, ich werde mir eine Katze oder einen Hund aussuchen. Was meinst du, Pascha?" fragt Robert Pascha.
"Ania, hör auf, die Katze zu ärgern", sagt Pascha wütend. "Na ja, Robert, das ist keine schlechte Idee. Dein Haustier wartet immer zuhause auf dich und ist so glücklich, wenn du nach Hause kommst und ihm Futter gibst. Und vergiss nicht, dass du morgens und abends mit deinem Tier Gassi gehen oder seine Kiste sauber machen musst. Manchmal musst du den Boden putzen oder mit dem Tier zum Tierarzt gehen. Also, denk gut darüber nach, bevor du dir ein Haustier anschaffst."
"Also, hier sind ein paar Anzeigen. Hör

как крыса. Наверное долго жила на улице. Отдам за вознаграждение.»
Вот ещё одно:
«Испанская овчарка, говорит на испанском. Отдам бесплатно. И бесплатные щенки наполовину спаниель и наполовину хитрая соседская собака,»
Роберт смотрит на Пашу, «Как собака может говорить на испанском?»
«Она наверное понимает испанский. Ты понимаешь по-испански?» спрашивает Паша улыбаясь.
«Я не понимаю по-испански. Послушай, вот ещё одно объявление:»
«Отдам бесплатно фермерских котят. Готовы есть. Будут есть всё.»
Роберт переворачивает страницу, «Ладно, я думаю животные могут подождать. Лучше я поищу работу,» он находит рубрику о работе и читает вслух,
«Вы ищете подходящую работу? Приходите в трудовую консультацию «Подходящий персонал» и получите профессиональную помощь. Наш консультант проанализирует Ваши личные способности и порекомендует Вам наиболее подходящую работу,»
Роберт поднимает взгляд и говорит: «Паша, что ты думаешь?»
«Подходящая работа для вас - это мыть грузовик в море и пускать его поплавать,» говорит Аня и быстро выбегает из комнаты.
«Это неплохая идея. Пошли прямо сейчас,» говорит Паша и аккуратно вынимает кошку из чайника, куда Аня посадила животное минуту назад.
Роберт и Паша приезжают в трудовую консультацию «Подходящий персонал» на своих велосипедах. Очереди нет, поэтому они входят прямо вовнутрь. Там находятся две женщины. Одна из них говорит по телефону. Другая женщина

zu", sagt Robert und beginnt, laut vorzulesen:
"Habe einen dreckigen, weißen Hund gefunden, schaut aus wie eine Ratte. Hat vielleicht lange auf der Straße gelebt. Ich gebe ihn für Geld her."
Und hier noch eine:
"Spanischer Hund, spricht Spanisch. Gebe ihn kostenlos ab. Und kostenlose Welpen, halb Spaniel, halb schlauer Nachbarshund."
Robert schaut Pascha an: "Wie kann ein Hund Spanisch sprechen?"
"Ein Hund kann Spanisch verstehen. Verstehst du Spanisch?" fragt Pascha grinsend.
"Ich verstehe kein Spanisch. Hör zu, hier ist noch eine Anzeige:
Gebe kostenlos Kätzchen vom Bauernhof her. Fertig zum Essen. Sie essen alles."
Robert blättert die Zeitung um. "Na gut, ich denke, Tiere können warten. Ich suche besser einen Job." Er findet die Stellenanzeigen und liest laut:
"Suchen Sie nach einem passenden Job? Die Arbeitsvermittlung "Passende Mitarbeiter" kann Ihnen helfen. Unsere Berater beurteilen ihre persönliche Begabung und erstellen Ihnen eine Empfehlung für den passendsten Beruf."
Mika schaut auf und sagt: "Was meinst du, Pascha?"
"Der beste Job für euch ist, einen Laster im Meer zu waschen und ihn wegschwimmen zu lassen", sagt Ania und rennt dann schnell aus dem Zimmer.
"Keine schlechte Idee. Lass uns gleich gehen", antwortet Pascha und holt vorsichtig die Katze aus dem Kessel, in den Ania sie kurz zuvor gelegt hatte.
Robert und Pascha fahren mit dem Fahrrad zur Arbeitsvermittlung "Passende Mitarbeiter". Es gibt keine Schlange und

что-то пишет. Она приветствует Роберта и Пашу и просит их присесть. Её имя Дарья Аккуратнова. Она спрашивает их имена и возраст.

«Ну что же, позвольте мне объяснить метод, который мы используем. Имеется пять видов профессий.

1. Первый вид - это человек - природа. Профессии: фермер, работник зоопарка и так далее.
2. Второй вид - это человек - машина. Профессии: пилот, водитель такси, водитель грузовика и так далее.
3. Третий вид - это человек - человек. Профессии: врач, учитель, журналист и так далее.
4. Четвёртый вид - это человек - вычислительные системы. Профессии: переводчик, инженер, программист и так далее.
5. Пятый вид - это человек - искусство. Профессии: писатель, художник, певец и так далее.

Мы даём советы о подходящей профессии только тогда, когда узнаем о вас побольше. Прежде всего разрешите проанализировать ваши личные способности. Я должна знать что вам нравится и что не нравится. Тогда мы узнаем какой вид профессии вам наиболее подходит. Теперь, пожалуйста, заполните, вопросник,» говорит госпожа Аккуратнова и даёт им вопросники. Паша и Роберт заполняют вопросники.

Вопросник

Имя: Павел Вадимович Колобоков

Смотреть за машинами - Не возражаю
Разговаривать с людьми - Мне нравится
Обслуживать клиентов - Не возражаю
Водить автомобили - Мне нравится
Работать в помещении - Мне нравится

sie gehen hinein. Zwei Frauen sind da. Eine von ihnen telefoniert. Die andere schreibt etwas. Sie bittet Robert und Pascha, Platz zu nehmen. Sie heißt Frau Daria Akkuratnova. Sie fragt sie nach ihren Namen und ihrem Alter.

“Gut, lasst mich euch die Methode, nach der wir arbeiten, erklären. Schaut, es gibt fünf Berufskategorien:

1. Die Erste ist Mensch - Natur. Berufe: Sokolov, Tierpfleger usw.
2. Die Zweite ist Mensch - Maschine. Berufe: Pilot, Taxifahrer, Lastwagenfahrer usw.
3. Die Dritte ist Mensch - Mensch. Berufe: Arzt, Lehrer, Journalist usw.
4. Die Vierte ist Mensch - Computer. Berufe: Übersetzer, Ingenieur, Programmierer usw.
5. Die Fünfte ist Mensch - Kunst. Berufe: Schriftsteller, Künstler, Sänger usw.

Wir erstellen Empfehlungen für passende Berufe erst, wenn wir euch besser kennengelernt haben. Lasst mich zuerst eure persönlichen Begabungen beurteilen. Ich muss wissen, was ihr mögt und was ihr nicht mögt. Dann wissen wir, welcher Beruf am besten zu euch passt. Füllt jetzt bitte den Fragebogen aus”, sagt Frau Akkuratnova und gibt ihnen die Fragebögen. Pascha und Robert füllen die Fragebögen aus.

Fragebogen

Name: Pavel Wadimowitsch Kolobokov

Maschinen beobachten - Habe ich nichts dagegen
Mit Menschen sprechen - Mag ich
Kunden bedienen - Habe ich nichts dagegen
Autos, Lastwagen fahren - Mag ich
Im Büro arbeiten - Mag ich

Работать на улице - Мне нравится
Много запоминать - Не возражаю
Путешествовать - Мне нравится
Оценивать, проверять - Мне не нравится
Грязная работа - Не возражаю
Монотонная работа - Мне не нравится
Тяжёлая работа - Не возражаю
Быть лидером - Не возражаю
Работать в команде - Не возражаю
Мечтать во время работы - Мне нравится
Тренироваться - Не возражаю
Выполнять творческую работу - Мне нравится
Работать с текстами - Мне нравится

Draußen arbeiten - Mag ich
Mir viel merken - Habe ich nichts dagegen
Reisen - Mag ich
Bewerten, kontrollieren - Hasse ich
Dreckige Arbeit - Habe ich nichts dagegen
Monotone Arbeit - Hasse ich
Schwere Arbeit - Habe ich nichts dagegen
Führer sein - Habe ich nichts dagegen
In der Gruppe arbeiten - Habe ich nichts dagegen
Während der Arbeit träumen - Mag ich
Trainieren - Habe ich nichts dagegen
Kreative Arbeit - Mag ich
Mit Texten arbeiten - Mag ich

Вопросник

Имя: Роберт Геншер

Смотреть за машинами - Не возражаю
Разговаривать с людьми - Мне нравится
Обслуживать клиентов - Не возражаю
Водить автомобили - Не возражаю
Работать в помещении - Мне нравится
Работать на улице - Мне нравится
Много запоминать - Не возражаю
Путешествовать - Мне нравится
Оценивать, проверять - Не возражаю
Грязная работа - Не возражаю
Монотонная работа - Мне не нравится
Тяжёлая работа - Не возражаю
Быть лидером - Мне не нравится
Работать в команде - Мне нравится
Мечтать во время работы - Мне нравится
Тренироваться - Не возражаю
Выполнять творческую работу - Мне нравится
Работать с текстами - Мне нравится

Fragebogen

Name: Robert Genscher

Maschinen beobachten - Habe ich nichts dagegen
Mit Menschen sprechen - Mag ich
Kunden bedienen - Habe ich nichts dagegen
Autos, Lastwagen fahren - Habe ich nichts dagegen
Im Büro arbeiten - Mag ich
Draußen arbeiten - Mag ich
Mir viel merken - Habe ich nichts dagegen
Reisen - Mag ich
Bewerten, kontrollieren - Habe ich nichts dagegen
Dreckige Arbeit - Habe ich nichts dagegen
Monotone Arbeit - Hasse ich
Schwere Arbeit - Habe ich nichts dagegen
Führer sein - Hasse ich
In der Gruppe arbeiten - Mag ich
Während der Arbeit träumen
Trainieren - Habe ich nichts dagegen
Kreative Arbeit - Mag ich
Mit Texten arbeiten - Mag ich

26

Устройство на работу в газету «Санкт Петербург сегодня»
Bewerbung bei der "St Peterburg segodnia"

A

Слова

1. взял - nahm
2. дал - gab
3. двадцать один - einundzwanzig
4. до свидания - Auf Wiedersehen
5. женат(ый) - verheitatet (ein Mann); замужняя - verheitatet (eine Frau)
6. женский - weiblich
7. заполнить - ausfüllen
8. звёздочка - das Sternchen
9. информация - die Information, die Angabe
10. криминальный - kriminell, преступник - der Verbrecher
11. машина - das Auto
12. мог - könnte
13. мужской - männlich
14. навык(и) - die Fertigkeit(en)
15. национальность - die Nationalität
16. неделя - die Woche
17. Николаевич - Nikolaevich (Vatersname)
18. образование - die Ausbildung
19. одинокий - ledig
20. оставить - verlassen
21. отчество - der Vatersname, der zweite Name
22. оценил - ausgewertet
23. патруль - die Patroiulle, die Streife
24. подавать заявление - sich bewerben
25. подчеркнуть - unterstreichen
26. покидать / уходить - verlassen
27. пол - das Geschlecht
28. поле, графа - das Feld
29. полиция - die Polizei
30. полная занятость - Vollzeitarbeit
31. положение - der Stand; семейное положение - der Familienstand
32. прибыл - angekommen
33. пустой / пустая - leer
34. работал - arbeitete, gearbeitet
35. редактор - der Herausgeber, der Redakteur
36. рекомендовал - empfiehl
37. свободно - fließend
38. семнадцать - siebzehn
39. сообщать - berichten

40. раньше - vorher
41. репортёр - der Reporter
42. сопровождать - begleiten
43. спросил - fragte, gefragt
44. стройный - schlank
45. узнал о.. - kennengelernt über..
46. устроить - einrichten; устройство на работу - Arbeitsbewerbung
47. финансы - die Finanzwissenschaft
48. форма, анкета - das Formular
49. частичная занятость - die Teilzeitarbeit

B

Устройство на работу в газету «Санкт Петербург сегодня»

Госпожа Аккуратнова проанализировала ответы Паши и Роберта в вопросниках. Когда она узнала их личные способности, она смогла дать им несколько советов о подходящей профессии. Она сказала, что третий вид профессии наиболее подходящий для них. Они могли бы работать докторами, учителями или журналистами и так далее. Госпожа Аккуратнова посоветовала им устроиться на работу в газету «Санкт Петербург сегодня». Они дают работу с частичной занятостью студентам, которые могли бы составлять полицейские репортажи для криминальной рубрики. Поэтому Роберт и Паша приехали в отдел персонала газеты «Санкт Петербург сегодня» и подали заявления на эту работу.
«Мы сегодня были в трудовой консультации «Подходящий персонал», сказал Паша госпоже Стройновой, которая была руководителем отдела персонала, «Нам посоветовали подать заявления на работу в вашу газету.»
«Ну что же, вы работали репортёрами раньше?» спросила госпожа Стройнова.
«Нет,» ответил Паша.
«Пожалуйста, заполните эти анкеты личных данных,» сказала госпожа Стройнова и дала им две анкеты. Паша и

Bewerbung bei der "St Peterburg segodnia"

Frau Akkuratnova wertete Paschas und Roberts Antworten im Fragebogen aus. Indem sie ihre persönlichen Begabungen kennenlernte, konnte sie ihnen Empfehlungen für passende Berufe geben. Sie sagte, dass die dritte Berufskategorie am besten zu ihnen passte. Sie könnten als Arzt, Lehrer oder Journalist arbeiten. Frau Akkuratnova empfahl ihnen, sich um einen Job bei der Zeitung „St Peterburg segodnia" zu bewerben. Die hatte einen Nebenjob für Studenten zu vergeben, die Polizeiberichte in der Rubrik über Verbrechen verfassen konnten. Also gingen Robert und Pascha in die Personalabteilung der Zeitung „St Peterburg segodnia" und bewarben sich um den Job.
„Wir waren heute bei der Arbeitsvermittlung „Passende Mitarbeiter", sagte Pascha zu Frau Stroinova, der Leiterin der Personalabteilung. „Sie haben uns empfohlen, uns bei Ihrer Zeitung zu bewerben."
„Habt ihr schon als Reporter gearbeitet", fragte Frau Stroinova.
„Nein", antwortete Pascha.
„Füllt bitte diese Formulare mit euren persönlichen Angaben aus", sagte Frau Stroinova und gab ihnen zwei Formulare. Robert und Pascha füllten sie aus.

Роберт заполнили их.

Анкета личных данных

*Вы должны заполнить поля со звёздочкой *. Вы можете оставить другие поля незаполненными.*

Имя* - Павел
Отчество - Вадимович
Фамилия* - Колобоков
Пол* - (подчеркнуть) Мужской Женский
Возраст* - Двадцать лет
Национальность* - Русский
Семейное положение - (подчеркнуть) Не женат Женат
Адрес* - Улица Щорса 11, Санкт Петербург, Россия
Образование - Я изучаю журналистику на третьем курсе университета
Где Вы работали прежде? - Я работал два месяца рабочим на ферме
Какой опыт и навыки у Вас есть?* - Я умею водить легковой и грузовой автомобиль и могу работать на компьютере.
Языки* (0 - нет, 10 - свободно) - русский - 10, английский - 8
Водительские права* - (подчеркнуть) Нет Да Тип: BC, я могу водить грузовики
Вам нужна работа* - (подчеркнуть) Полная занятость Частичная занятость: 15 часов в неделю
Вы хотите зарабатывать - 150 рублей в час

Анкета личных данных

*Вы должны заполнить поля со звёздочкой *. Вы можете оставить другие поля незаполненными.*

Имя* - Роберт
Отчество -
Фамилия* - Геншер
Пол* - (подчеркнуть) Мужской Женский
Возраст* - Двадцать один год

Persönliche Angaben

*Alle mit einem Sternchen * markierten Felder müssen ausgefüllt werden. Die anderen Felder können leer gelassen werden.*

Vorname - Pawel*
Zweiter Name - Wadimowitsch
Nachname - Kolobokov*
Geschlecht - (unterstreiche) männlich weiblich*
Alter - Zwanzig*
Nationalität - Russe*
Familienstand - (unterstreiche) ledig verheiratet
Adresse - ul. Schiorsa 11, St Peterburg, Russland*
Ausbildung - Ich studiere Journalismus im dritten Jahr an der Universität
Wo haben Sie zuvor gearbeitet? - Ich habe zwei Monate auf einem Bauernhof gearbeitet
Welche Erfahrung und Fähigkeiten haben Sie? - Ich kann Auto und Lastwagen fahren und mit dem Computer arbeiten.*
Sprachen (0 - nein, 10 - fließend) - Russisch - 10, Englisch - 8*
Führerschein - (unterstreiche) Nein Ja Typ: BC Kann Lastwagen fahren.*
Sie brauchen einen Job - (unterstreiche) Vollzeit Teilzeit: 15 Stunden die Woche*
Sie wollen verdienen - 150 Rubl die Stunde

Persönliche Angaben

*Alle mit einem Sternchen * markierten Felder müssen ausgefüllt werden. Die anderen Felder können leer gelassen werden.*

Vorname - Robert*
Zweiter Name -
Nachname - Genscher*
Geschlecht - (unterstreiche) männlich weiblich*
Alter - einundzwanzig*

Национальность* - Немец
Семейное положение - (подчеркнуть) Не женат Женат
Адрес* - Комната 218, студенческое общежитие, улица Университетская 5, Санкт Петербург, Россия
Образование - Я изучаю компьютерный дизайн на втором курсе университета
Где Вы работали прежде? - Я работал два месяца рабочим на ферме
Какой опыт и навыки у Вас есть?* - Я могу работать на компьютере
Языки* (0 - нет, 10 - свободно) - Немецкий - 10, Русский - 8
Водительские права* - (подчеркнуть) Нет Да Тип:
Вам нужна работа* - (подчеркнуть) Полная занятость Частичная занятость: 15 часов в неделю
Вы хотите зарабатывать - 150 рублей в час

Nationalität - Deutscher*
Familienstand - (unterstreiche) ledig verheiratet
Adresse - Zimmer 218, Studentenwohnheim, ul. Universitetskaya 5, St Peterburg, Russland*
Ausbildung - Ich studiere Computerdesign im zweiten Jahr an der Universität
Wo haben Sie zuvor gearbeitet? - Ich habe zwei Monate auf einem Bauernhof gearbeitet
Welche Erfahrung und Fähigkeiten haben Sie? - Ich kann mit dem Computer umgehen*
Sprachen (0 - nein, 10 - fließend) - Deutsch - 10, Russisch - 8*
Führerschein - (unterstreiche) Nein Ja Typ:*
Sie brauchen einen Job - (unterstreiche) Vollzeit Teilzeit: 15 Stunden die Woche*
Sie wollen verdienen - 150 Rubl die Stunde

Госпожа Стройнова отнесла их анкеты личных данных к редактору «Санкт Петербург сегодня».
«Редактор согласен,» сказала госпожа Стройнова, когда вернулась назад, «Вы будете сопровождать полицейский патруль, а затем составлять репортажи в криминальную рубрику. Полицейская машина приедет завтра в семнадцать часов, чтобы взять вас. Будьте здесь в это время, ладно?»
«Конечно,» ответил Роберт.
«Да, мы будем,» сказал Паша, «До свидания.»
«До свидания,» ответила госпожа Стройнова.

Frau Stroinova brachte die Formulare mit ihren persönlichen Angaben zum Herausgeber der „St Peterburg segodnia“.
„Der Herausgeber ist einverstanden“, sagte Frau Stroinova, als sie zurückkam. „Ihr begleitet eine Polizeistreife und schreibt dann Berichte für die Kriminalrubrik. Morgen um 17 Uhr werdet ihr von einem Polizeiauto abgeholt. Seid pünktlich da, ok?“
„Klar“, antwortete Robert.
„Ja, wir werden pünktlich sein“, sagte Pascha. „Auf Wiedersehen“.
„Auf Wiedersehen“, antwortete Frau Stroinova.

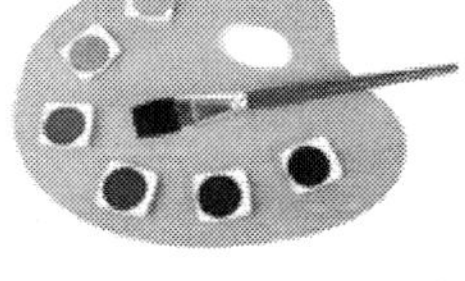

27

Полицейский патруль (часть 1)

Die Polizeistreife (Teil 1)

A

Слова

1. вёл, ехал - fuhr
2. витрина - das Schaufenster
3. вокруг - umher
4. вор - der Dieb, воры - die Diebe
5. все, каждый - alle
6. встретил - getroffen, traf, kennengelernt
7. высокий, высоко - hoch
8. грабитель - der Räber; ограбление - der Diebstahl
9. две тысячи сто двадцать - zweitausendeinhundertzwanzig
10. двести - zweihundert
11. делал - machte
12. ждал - wartete
13. завёл - machte an (den Motor); поехал - fuhr los
14. завывая - heulend
15. закрыл - schloss; закрытый - geschlossen
16. (за)лаял - bellte
17. испуганный - ängstlich
18. квитанция - die Quittung
19. ключ - der Schlüssel
20. крикнул - gerufen, rief
21. микрофон - das Mikrofon
22. полиция - die Polizei
23. полицейский - der Polizist
24. нажал ногой - trat
25. наручники - die Handschellen
26. ограничение, лимит - die Begrenzung
27. оружие - die Waffe
28. открыл - öffnete
29. офицер - der Polizist
30. погоня - die Verfolgung
31. подниматься - aufstehen
32. показал - zeigte
33. понял - verstanden, verstand
34. пристёгивать - anschnallen
35. проклятье - verdammt
36. (про)нёсся - raste
37. пытался - versuchte
38. ремни безопасности - der Sicherheitsgurt
39. сержант - der Polizeihauptmeister
40. сирена - die Sirene

41. скорость - die Geschwindigkeit; нарушитель - der Raser,
42. сопровождал - begleitet, begleitete
43. спрятался - versteckte
44. сто - hundert
45. строгий - strenge
46. сушить - trocknen; сухой - trocken
47. тревога - der Alarm
48. цена - der Preis

B

Полицейский патруль (часть 1)

Роберт и Паша приехали к зданию газеты «Санкт Петербург сегодня» на следующий день в семнадцать часов. Полицейская машина уже ждала их. Полицейский вышел из машины.

«Здравствуйте. Я сержант Игорь Строгов,» сказал он, когда Паша и Роберт подошли к машине.

«Здравствуйте. Рад познакомиться. Меня зовут Роберт. Мы должны сопровождать Вас,» ответил Роберт.

«Здравствуйте. Я Паша. Вы давно нас ждёте?» спросил Паша.

«Нет. Я только что сюда прибыл. Давайте сядем в машину. Теперь мы начинаем городское патрулирование,» сказал полицейский. Они все сели в полицейскую машину.

«Вы в первый раз сопровождаете полицейский патруль?» спросил сержант Строгов, заводя двигатель.

«Мы никогда прежде не сопровождали полицейский патруль,» ответил Паша.

В этот момент полицейское радио начало говорить: «Внимание П11 и П07! Синий автомобиль едет на высокой скорости по улице Университетская.»

«П07 принял,» сказал сержант Строгов в микрофон. Затем он сказал парням: «Номер нашего автомобиля П07.» Большой синий автомобиль проехал мимо на высокой скорости. Игорь Строгов снова взял микрофон и сказал: «Говорит

Die Polizeistreife (Teil 1)

Am nächsten Tagen kamen Robert und Pascha um siebzehn Uhr zum Gebäude der Zeitung „St Peterburg segodnia“. Das Polizeiauto wartete schon auf sie. Ein Polizist stieg aus dem Auto aus.

„Hallo. Ich bin Polizeihauptmeister Igor Strogov“, sagte er, als Pascha und Robert zum Auto kamen.

“Hallo, schön, Sie kennenzulernen. Ich heiße Robert. Wir sollen Sie heute begleiten”, antwortete Robert.

„Hallo, ich bin Pascha. Haben Sie schon lange auf uns gewartet?“ fragte Pascha.

„Nein, ich bin gerade erst gekommen. Lasst uns einsteigen. Wir fangen jetzt mit der Streife in der Stadt an“, sagte der Polizist. Sie stiegen alles ins Polizeiauto.

„Begleitet ihr zum ersten Mal eine Polizeistreife“, fragte Polizeihauptmeister Strogov und machte den Motor an.

„Wir haben noch nie eine Polizeistreife begleitet“, antwortete Pascha.

In diesem Moment meldete sich der Polizeifunk: „Achtung P11 und P07! Ein blaues Auto fährt zu schnell auf der Universitätsstraße.“

“P07 ist dran”, sagte Polizeihauptmeister Strogov ins Mikrofon. Dann sagte er zu den Jungs: “Die Nummer unseres Autos ist P07.“ Ein großes blaues Auto raste mit hoher Geschwindigkeit an ihnen vorbei. Igor Strogov nahm das Mikrofon und sagte: „Hier spricht P07. Ich sehe das

П07. Вижу нарушающий синий автомобиль. Начинаю погоню,» затем он сказал парням, «Пристегните свои ремни безопасности.» Полицейская машина быстро стартовала. Сержант нажал газ до конца и включил сирену. Они поехали на высокой скорости с воющей сиреной мимо зданий, машин, автобусов. Игорь Строгов заставил синюю машину остановиться. Сержант вышел из машины и пошёл к нарушителю. Паша и Роберт пошли за ним.

«Служащий милиции Игорь Строгов. Покажите Ваши водительские права, пожалуйста,» сказал полицейский нарушителю.

«Вот мои водительские права,» водитель показал свои водительские права, «А в чём дело?» сказал он сердито.

«Вы ехали по городу на скорости сто двадцать километров в час. Ограничение скорости - шестьдесят,» сказал сержант.

«А, это. Видите, я только что помыл свою машину. Поэтому я ехал немного побыстрее, чтобы просушить её,» сказал человек с хитрой улыбкой.

«Сколько стоит помыть машину?» спросил полицейский.

«Не много. Это стоит сто двадцать рублей,» сказал нарушитель.

«Вы не знаете цен,» сказал сержант Строгов, «Это в действительности стоит две тысячи сто двадцать рублей. Потому что Вы заплатите две тысячи рублей за сушку машины. Вот квитанция. Приятного дня,» сказал полицейский. Он отдал штрафную квитанцию на две тысячи рублей и водительские права нарушителю и пошёл назад к полицейской машине.

«Игорь, я полагаю у Вас большой опыт с нарушителями, не так ли?» спросил Паша полицейского.

rasende Auto. Nehme die Verfolgung auf". Dann sagte er zu den Jungs: „Bitte anschnallen!" Das Polizeiauto fuhr schnell los. Der Polizeihauptmeister trat das Gaspedal voll durch und machte die Sirene an. Mit heulender Sirene rasten sie an Gebäuden, Autos und Bussen vorbei. Igor Strogov brachte das blaue Auto zum Anhalten. Der Polizeihauptmeister stieg aus dem Auto aus und ging zu dem Raser. Pascha und Robert gingen ihm nach.

„Ich bin Polizeibeamter Igor Strogov. Zeigen Sie mir bitte Ihren Führerschein", sagte der Polizist zu dem Raser.

„Hier ist mein Führerschein", der Fahrer zeigte seinen Führerschein. „Was ist los?" fragte er wütend.

„Sie sind mit hundertzwanzig km/h durch die Stadt gefahren. Die Geschwindigkeitsbegrenzung ist fünfzig", sagte der Polizeihauptmeister.

„Ach so, das. Wissen Sie, ich habe gerade mein Auto gewaschen. Ich bin ein bisschen schneller gefahren, damit es trocknet", sagte der Mann mit einem schlauen Grinsen.

„Ist es teuer, Ihr Auto zu waschen?" fragte der Polizist.

„Nein. Es kostet einhundertzwanzig Rubl", sagte der Raser.

"Sie kennen die Preise nicht", sagte Polizeihauptmeister Strogov. „In Wirklichkeit kostet es Sie zweitausendeinhundertzwanzig Rubl, denn Sie werden zweitausend Rubl fürs Trocknen zahlen. Hier ist der Strafzettel. Einen schönen Tag noch", sagte der Polizist. Er gab dem Raser einen Strafzettel für Geschwindigkeitsüberschreitung über 2000 Rubl und seinen Führerschein und ging zurück zum Polizeiauto.

„Igor, du hast viel Erfahrung mit Rasern,

«Я много их встречаю,» сказал Игорь, заводя двигатель, «Вначале они выглядят как сердитые тигры или хитрые лисы. Но после того, как я поговорю с ними, они выглядят как испуганные котята или глупые обезьяны. Как тот в синей машине.»

Тем временем по улице недалеко от городского парка медленно ехал маленький белый легковой автомобиль. Автомобиль остановился напротив магазина. Мужчина и женщина вышли из машины и подошли к магазину. Он был закрыт. Мужчина посмотрел вокруг. Затем он быстро достал несколько ключей и попытался открыть замок. Наконец он открыл его и они вошли вовнутрь.

«Смотри! Здесь так много платьев!» сказала женщина. Она достала большую сумку и начала всё туда ложить. Когда сумка была полна, она отнесла её к автомобилю и пришла обратно.

«Бери всё быстро! О-о! Какая великолепная шляпа!» сказал мужчина. Он взял с витрины магазина большую чёрную шляпу и одел её.

«Посмотри на это красное платье! Оно мне так нравится!» сказала женщина и быстро одела красное платье. У неё больше не было сумок. Поэтому она взяла побольше вещей в руки, выбежала наружу и бросила их на автомобиль. Затем она побежала вовнутрь, чтобы принести ещё вещей.

Полицейский автомобиль П07 медленно ехал вдоль городского парка, когда радио заговорило: «Внимание всем патрульным машинам. Мы получили сигнал об ограблении из магазина возле городского парка. Адрес магазина улица Парковая 72.»

«П07 принял,» сказал Игорь в микрофон,

nicht wahr?" fragte Pascha den Polizisten.

„Ich habe schon viele kennengelernt", sagte Igor und machte den Motor an. „Zu erst sehen sie wie wütende Tiger oder schlaue Füchse aus. Aber nachdem ich mit ihnen gesprochen habe, sehen sie wie ängstliche Kätzchen oder dumme Affen aus. Wie der im blauen Auto."

In der Zwischenzeit fuhr ein kleines, weißes Auto nicht weit vom Stadtpark langsam die Straße entlang. Das Auto hielt in der Nähe eines Ladens. Ein Mann und eine Frau stiegen aus und gingen zu dem Laden. Er war geschlossen. Der Mann sah sich um. Dann holte er schnell einige Schlüssel hervor und versuchte, die Tür zu öffnen. Schließlich öffnete er sie und sie gingen hinein.

„Schau, so viele Kleider", sagte die Frau. Sie holte eine große Tasche hervor und begann, alles hineinzupacken. Als die Tasche voll war, brachte sie sie zum Auto und kam zurück.

„Nimm schnell alles! Oh! Was für ein schöner Hut!" sagte der Mann. Er nahm einen großen schwarzen Hut aus dem Schaufenster und zog ihn auf.

„Schau dir dieses rote Kleid an! Das finde ich toll!" sagte die Frau und zog schnell das rote Kleid an. Sie hatte keine Taschen mehr. Deswegen nahm sie mehr Sachen in die Hände, rannte nach draußen und packte sie ins Auto. Dann rannte sie nach drinnen, um noch mehr Dinge zu holen.

Das Polizeiauto P07 fuhr gerade langsam den Stadtpark entlang, als sich der Funk meldete: „Achtung, alle Einheiten. Wir haben einen Einbruchsalarm aus einem Laden in der Nähe des Stadtparks. Die Adresse des Ladens ist Parkstraße 72."

„P07 ist dran", sagte Igor ins Mikro. „Ich bin ganz in der Nähe. Fahre dorthin." Sie

«Я нахожусь очень близко к этому месту. Направляюсь туда.» Они нашли магазин очень быстро и подъехали к белому автомобилю. Затем они вышли из машины и спрятались за ней. Женщина в новом красном платье выбежала из магазина. Она бросила несколько платьев на полицейскую машину и побежала обратно в магазин. Женщина сделала это очень быстро. Она даже не заметила, что это была полицейская машина!
«Проклятье! Я забыл свой пистолет в полицейском участке!» сказал Игорь. Роберт и Паша посмотрели на сержанта Стрикта, а затем удивлённо друг на друга. Полицейский был так сконфужен, что Роберт и Паша поняли - они должны помочь ему. Женщина снова выбежала из магазина, бросила несколько платьев на полицейскую машину и побежала обратно. Тогда Паша сказал Игорю: «Мы можем притвориться, что у нас есть оружие.»
«Давайте так и сделаем,» ответил Игорь, «Но вы не поднимайтесь. У воров может быть оружие,» сказал он и затем крикнул, «Говорит полиция! Все, кто находится внутри магазина! Поднимите руки и медленно выходите из магазина по одному!» Они подождали минуту. Никто не вышел. Затем у Роберта появилась идея.
«Если вы сейчас не выйдете, то мы спустим на вас полицейскую собаку!» крикнул он и затем залаял, как большая сердитая собака. Воры сразу выбежали с поднятыми руками. Игорь быстро одел на них наручники и отвёл к полицейской машине. Затем он сказал Роберту: «Это была отличная идея притвориться, что у нас есть собака! Видишь ли, я уже забывал свой пистолет два раза. Если узнают, что я забыл его в третий раз, меня

hatten den Laden schnell gefunden und fuhren zu dem weißen Auto. Dann stiegen sie aus dem Auto aus und versteckten sich dahinter. Die Frau im roten Kleid kam aus dem Laden gerannt. Sie legte einige Kleider auf das Polizeiauto und rannte zurück in den Laden. Die Frau tat das sehr schnell. Sie sah nicht, dass es ein Polizeiauto war.
„Verdammt! Ich habe meine Waffe auf der Polizeiwache vergessen!" sagte Igor. Robert und Pascha sahen Polizeihauptmeister Strogov und dann einander überrascht an. Der Polizist war so verwirrt, dass Pascha und Robert verstanden, dass er Hilfe brauchte. Die Frau rannte wieder aus dem Laden, legte Kleider auf das Polizeiauto und rannte zurück. Dann sagte Pascha zu Igor: „Wir können so tun, als ob wir Waffen haben."
„Lasst uns das machen", antwortete Igor. „Aber ihr steht nicht auf. Die Diebe haben vielleicht Waffen", sagte er und rief dann: „Hier spricht die Polizei! Alle, die im Laden sind, heben ihre Hände und kommen langsam einer nach dem anderen aus dem Laden!" Sie warteten eine Minute. Niemand kam. Dann hatte Robert eine Idee.
"Wenn ihr nicht rauskommt, hetzen wir den Polizeihund auf euch!" rief er und bellte wie ein großer, wütender Hund. Die Diebe kamen sofort mit erhobenen Händen herausgerannt. Igor legte ihnen schnell Handschellen an und brachte sie ins Polizeiauto. Dann sagte er zu Robert: „Das war eine gute Idee, so zu tun, als ob wir einen Hund hätten. Weißt du, ich habe meine Waffe schon zweimal vergessen. Wenn sie herausfinden, dass ich sie zum dritten Mal vergessen habe, feuern sie mich vielleicht oder lassen mich Büroarbeit machen. Ihr erzählt es doch

могут уволить или заставить делать офисную работу. Вы не скажете об этом, хорошо?»
«Конечно нет!» сказал Роберт.
«Никогда,» сказал Паша.
«Большое спасибо за помощь, парни!» Игорь крепко пожал им руки.

niemandem, oder?“
„Natürlich nicht!“ sagte Robert.
„Nie“, sagte Pascha.
„Vielen dank für eure Hilfe, Jungs!“ Igor schüttelte ihnen heftig die Hand.

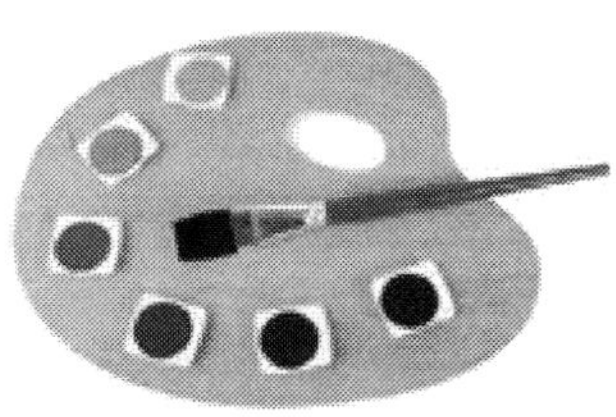

28

Полицейский патруль (часть 2)

Die Polizeistreife (Teil 2)

A

Слова

1. без сознания - bewusstlos
2. видел - sah
3. вчера - gestern
4. выстрелил, подстрелил - schoss; angeschossen
5. гражданин - der Herr
6. ещё - noch
7. засунуть / засовывать - einstecken
8. защищать - beschützen
9. звонил - klingelte
10. Иван - Ivan (Name)
11. извинять - sich entschuldigen; Извините (меня). - Entschuldigen Sie (mich).
12. искренне - offenherzig
13. карман - die Tasche
14. кнопка - der Knopf
15. кто-нибудь (кого-нибудь), кто-то - jemand (jemanden)
16. Кузьма - Kuzma (Name)
17. мадам - die Madame
18. мобильный - das Handy
19. мой - mein
20. мужчины - die Männer
21. набрать / набирать - wählen (am Telefon)
22. нажать / нажимать - drücken
23. наличные деньги - das Bargeld
24. касса - die Kasse; кассир - der Kassierer
25. обычный - gewöhnlich
26. отвернуться - sich abwenden
27. ответил - geantwortet, antwortete
28. открыл - geöffnet, öffnete
29. повернул(-ся) - drehte (sich)
30. принесены(е) - gebracht
31. пропал - weg sein
32. разбить - zerbrechen
33. редко - selten
34. рикошетом - abprallen
35. сейф - der Tresor
36. стекло - das Glas
37. тайком - heimlich
38. твой / Ваш - dein / Ihr

39. телефон - das Telefon
40. звонить - anrufen
41. товарищ - comrade
42. тоже - auch
43. торговый центр - das Einkaufszentrum
44. украденный - gestohlen
45. умный - schlau, klug
46. чей - wessen
47. Экспресс Банк - Express Bank

B

Полицейский патруль (часть 2)

На следующий день Роберт и Паша снова сопровождали Игоря. Они стояли возле большого торгового центра, когда к ним подошла женщина.

«Пожалуйста, не могли бы вы мне помочь?» спросила она.

«Конечно, мадам. Что случилось?» спросил Игорь.

«Мой мобильный телефон исчез. Я думаю, что его украли.»

«Его использовали сегодня?» спросил полицейский.

«Я использовала его перед тем, как вышла из торгового центра,» ответила она.

«Давайте зайдём вовнутрь,» сказал Игорь. Они зашли в торговый центр и осмотрелись. Там было очень много людей.

«Давайте попробуем старый трюк,» сказал Игорь, и взял свой собственный телефон, «Какой номер Вашего телефона?» спросил он женщину. Она сказала и он набрал номер её телефона. Недалеко от них зазвонил мобильный телефон. Они пошли к тому месту, где он звонил. Там была очередь. Какой-то мужчина в очереди посмотрел на полицейского, и затем быстро отвернулся. Полицейский подошёл поближе, внимательно слушая. Телефон звонил в кармане этого мужчины.

Die Polizeistreife (Teil 2)

Am nächsten Tag begleiteten Robert und Pascha Igor wieder. Sie standen neben einem großen Einkaufszentrum, als eine Frau zu ihnen kam.

„Können Sie mir bitte helfen?“ fragte sie.

„Natürlich. Was ist passiert?“ fragte Igor.

“Mein Handy ist weg. Ich glaube, es wurde gestohlen.”

“Haben Sie es heute schon benutzt?” fragte der Polizist.

„Ich habe es benutzt, bevor ich das Einkaufszentrum verlassen habe“, antwortete die Frau.

„Lasst uns reingehen“, sagte Igor. Sie gingen ins Einkaufszentrum und sahen sich um. Viele Leute waren da.

“Lasst uns einen alten Trick versuchen”, sagte Igor und holte sein eigenes Handy hervor. „Wie ist Ihre Nummer?“ fragte er die Frau. Sie sagte sie ihm und er wählte sie. Nicht weit von ihnen klingelte ein Handy. Sie gingen zu der Stelle, an der es klingelte. Dort war eine Schlange. Ein Mann in der Schlange sah den Polizisten an und schaute dann schnell weg. Der Polizist ging näher hin und horchte aufmerksam. Das Handy klingelte in der Tasche des Mannes.

„Entschuldigen Sie“, sagte Igor. Der Mann sah ihn an.

“Entschuldigen Sie, Ihr Handy klingelt”, sagte Igor.

«Извините,» сказал Игорь. Мужчина посмотрел на него.

«Извините, Ваш телефон звонит,» сказал Игорь.

«Где?» сказал мужчина.

«Здесь, в Вашем кармане,» сказал Игорь.

«Нет,» сказал человек.

«Да,» сказал Игорь.

«Это не мой,» сказал мужчина.

«Тогда чей телефон звонит в Вашем кармане?» спросил Игорь.

«Я не знаю,» ответил человек.

«Разрешите посмотреть,» сказал Игорь и достал телефон из кармана мужчины.

«О-о, это мой!» воскликнула женщина.

«Возьмите свой телефон, мадам,» сказал Игорь отдавая его ей.

«Разрешите, гражданин?» спросил Игорь и снова засунул руку в карман мужчины. Он достал другой телефон, потом ещё один.

«Они тоже не Ваши?» спросил Игорь человека.

Человек помотал головой, глядя в сторону.

«Какие странные телефоны!» воскликнул Игорь, «Они убегают от своих хозяев и прыгают в карманы этого человека! А теперь они звонят в его карманах, да?»

«Да,» сказал человек.

«Знаете, моя работа - защищать людей. И я буду защищать Вас от них. Садитесь в мою машину и я отвезу Вас в такое место, где ни один телефон не сможет прыгнуть в Ваш карман. Мы едем в полицейский участок,» сказал полицейский. Затем он взял человека под руку и отвёл его к полицейской машине.

«Люблю глупых преступников,» улыбнулся Игорь после того, как они доставили вора в полицейский участок.

«А умных Вы встречали?» спросил

“Wo?” sagte der Mann.

„Hier, in ihrer Tasche“, sagte Igor.

„Nein, es klingelt nicht“, sagte der Mann.

„Doch, es klingelt“, sagte Igor.

„Das ist nicht meins“, sagte der Mann.

„Wessen Telefon klingelt dann in Ihrer Tasche?“ fragte Igor.

„Ich weiß es nicht“, antwortete der Mann.

„Zeigen Sie es mir bitte“, sagte Igor und holte das Handy aus der Tasche des Mannes.

„Oh, das ist meins!“ rief die Frau.

„Hier, nehmen Sie Ihr Telefon“, sagte Igor und gab es ihr.

„Darf ich?“ fragte Igor und steckte seine Hand wieder in die Tasche des Mannes. Er holte ein anderes Handy hervor und dann noch eins.

„Gehören die auch nicht Ihnen?“ fragte Igor den Mann.

Der Mann schüttelte den Kopf und schaute weg.

„Was für seltsame Handys!“ rief Igor. “Sie sind ihren Besitzern davongelaufen und in die Tasche dieses Mannes gesprungen! Und jetzt klingeln sie in seiner Tasche, oder nicht?“

„Ja, das tun sie“, sagte der Mann.

„Wie Sie wissen, ist es mein Job, Menschen zu beschützen. Und ich werde Sie vor ihnen beschützen. Steigen Sie in mein Auto und ich bringe Sie an einen Ort, wo kein Telefon in Ihre Tasche springen kann. Wir fahren aufs Revier“, sagte der Polizist. Dann nahm er den Mann am Arm und brachte ihn zum Auto.

„Ich mag dumme Verbrecher“, sagte Igor Strogov grinsend, nachdem sie den Dieb aufs Revier gebracht hatten.

„Hast du schon schlaue getroffen?“ fragte Pascha.

„Ja, das habe ich. Aber es passiert selten“; antwortete der Polizist. “Denn es ist sehr

Паша.
«Да. Но очень редко,» ответил полицейский, «Потому что умного преступника очень трудно поймать.»

Тем временем два человека зашли в Экспресс Банк. Один из них стал в очередь. Другой подошёл к кассе и передал какую-то бумажку кассиру. Кассир взял бумажку и прочитал:
«Дорогой товарищ,
это ограбление Экспресс Банка. Отдайте мне все наличные деньги. Если вы этого не сделаете, то я использую свой пистолет. Спасибо.
Искренне ваш,
Кузьма»
«Я думаю, что смогу помочь Вам,» сказал кассир, тайком нажимая кнопку тревоги, «Но я запер деньги вчера в сейфе. Сейф ещё не открыт. Я попрошу кого-нибудь открыть сейф и принести деньги. Хорошо?»
«Ладно. Но сделайте это быстро!» ответил грабитель.
«Сделать Вам чашку кофе пока деньги ложат в сумки?»
«Нет, благодарю вас. Только деньги,» ответил грабитель.

Радио полицейской машины П07 заговорило: «Внимание всем патрулям. Мы получили тревогу из Экспресс Банка.»
«П07 принял,» ответил сержант Строгов. Он нажал газ до упора и машина быстро стартовала. Когда они подъехали к банку, там ещё не было других полицейских машин.
«Мы сделаем интересный репортаж, если зайдём вовнутрь,» сказал Паша.
«Вы парни делайте то, что вам надо. А я зайду вовнутрь через заднюю дверь,»

schwer, einen schlauen Verbrecher zu fangen."

In der Zwischenzeit betraten zwei Männer die Express Bank. Einer von ihnen stellte sich in der Schlange an. Ein anderer ging zur Kasse und gab dem Kassierer einen Zettel. Der Kassierer nahm den Zettel und las.
„Sehr geehrter Kamerad,
das ist ein Überfall auf die Express Bank. Geben Sie mir alles Geld. Wenn Sie es nicht tun, werde ich meine Waffe benutzen. Danke.
Hochachtungsvoll,
Kusima"
„Ich denke, ich kann Ihnen helfen", sagte der Kassierer, während er heimlich den Alarmknopf drückte. „Aber das Geld wurde gestern von mir im Tresor eingeschlossen. Der Tresor wurde noch nicht geöffnet. Ich werde jemanden bitten, den Tresor zu öffnen und das Geld zu bringen. Okay?"
„Okay. Aber schnell!" antwortete der Dieb.
"Hätten Sie gerne eine Tasse Kaffee, während das Geld in Taschen gepackt wird?" fragte der Kassierer.
„Nein, danke. Nur Geld", antwortete der Dieb.

Der Funk im Polizeiauto P07 meldete sich: „Achtung, alle Einheiten. Überfallalarm in der Express Bank."
"P07 ist dran", antwortete Polizeihauptmeister Strogov. Er trat aufs Gas und das Auto fuhr schnell los. Als sie an der Bank ankamen, war noch kein anderes Polizeiauto da.
„Das wird ein interessanter Bericht, wenn wir reingehen", sagte Pascha.
„Ihr Jungs macht, was ihr braucht. Ich gehe durch die Hintertür rein", sagte Polizeihauptmeister Strogov. Er holte seine

сказал сержант Строгов. Он взял свой пистолет и быстро пошёл к задней двери банка. Паша и Роберт вошли в банк через центральную дверь. Они увидели человека стоящего возле кассы. Он засунул руку в карман и посмотрел вокруг. Человек, который пришёл с ним, отошёл от очереди и подошёл к нему.

«Где деньги ?» спросил он Кузьму.

«Иван, кассир сказал, что их ложат в сумки,» ответил другой грабитель.

«Я устал ждать!» сказал Иван. Он достал пистолет и направил его на кассира, «Принеси все деньги сейчас-же!» крикнул грабитель кассиру. Затем он прошёл в середину помещения и крикнул: «Слушайте все! Это ограбление! Никому не двигаться!» В этот момент кто-то возле кассы двинулся. Грабитель с пистолетом не глядя выстрелил в него. Второй грабитель упал на пол и крикнул: «Иван! Ты идиот! Проклятье! Ты подстрелил меня!»

«О-о, Кузьма! Я не видел, что это ты!» сказал Иван. В этот момент кассир быстро выбежал.

«Кассир убежал, а деньги сюда ещё не принесли!» крикнул Иван Кузьме, «Полиция может скоро приехать! Что будем делать?»

«Возьми что-нибудь тяжёлое, разбей стекло и возьми деньги. Быстро!» крикнул Кузьма. Иван взял металлический стул и ударил по стеклу кассы. Это было, конечно, не обычное стекло и оно не разбилось. Но стул вернулся рикошетом и ударил грабителя по голове! Он без сознания упал на пол. В эту секунду вбежал сержант Строгов и быстро одел наручники на грабителей. Он повернулся к Паше и Роберту.

«Я же говорил! Большинство

Waffe raus und ging schnell zur Hintertür der Bank. Pascha und Robert betraten die Bank durch die Eingangstür. Sie sahen einen Mann in der Nähe der Kasse stehen. Er hatte eine Hand in seiner Tasche und sah sich um. Der Mann, der mit ihm gekommen war, ging aus der Schlange zu ihm.

„Wo ist das Geld?“ fragte er Kusima.

„Iwan, der Kassierer hat gesagt, dass es in Taschen gepackt wird“, antwortete der andere Dieb.

„Ich habe es satt, zu warten“, sagte Iwan. Er holte seine Waffe hervor und richtete sie auf den Kassierer. „Bringen Sie jetzt alles Geld!“ schrie er. Dann ging er in die Mitte des Raums und rief: “Alle herhören! Das ist ein Überfall! Niemand bewegt sich!“ In diesem Moment bewegte sich jemand in der Nähe der Kasse. Der Dieb mit der Waffe schoss auf ihn, ohne hinzuschauen. Der andere Dieb fiel auf den Boden und rief: „Iwan! Du Vollidiot! Verdammt! Du hast mich angeschossen!”

„Oh, Kusima! Ich habe nicht gesehen, dass du das bist!” sagte Iwan. In diesem Moment rannte der Kassierer schnell nach draußen. “Der Kassierer ist weggerannt und das Geld ist noch nicht hierher gebracht worden!” rief Iwan Kusima zu. „Die Polizei kann jeden Moment kommen! Was sollen wir machen?“

„Nimm etwas Großes, zerschlag das Glas und nimm das Geld! Schnell!“ rief Kusima. Iwan nahm einen metallenen Stuhl und schlug auf das Glas der Kasse. Natürlich war es kein gewöhnliches Glas und zerbrach nicht. Doch der Stuhl prallte zurück und traf den Dieb am Kopf! Er fiel bewusstlos zu Boden. In diesem Moment kam Polizeihauptmeister Strogov hereingerannt und legte den Dieben schnell Handschellen an. Er drehte sich zu Pascha und Robert um.

преступников просто глупцы!» сказал он.

„Hab ich es doch gesagt! Die meisten Verbrecher sind einfach nur dumm!“ sagte er.

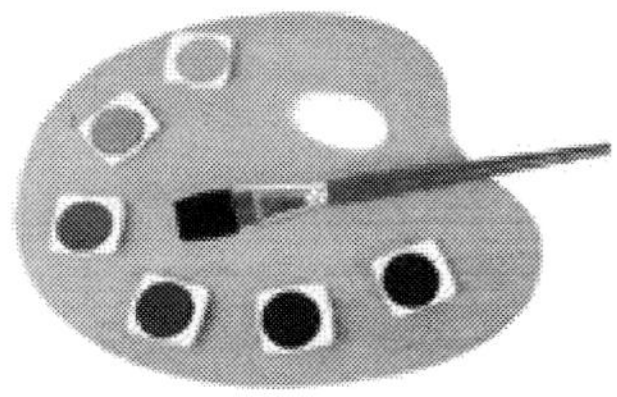

29

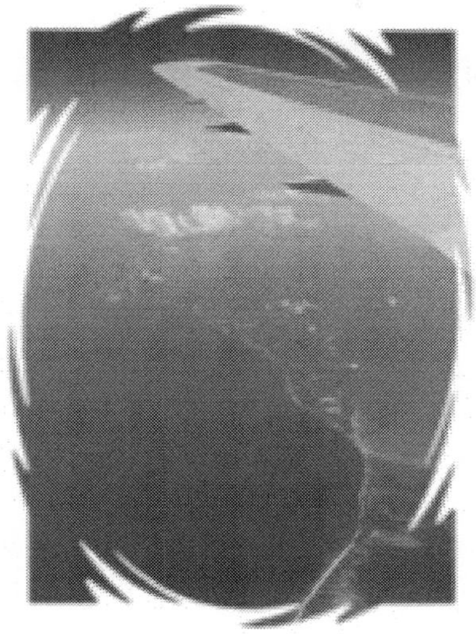

ФЛЕКС и апэр

Schule für Austauschschüler (SAS) und Au-pair

A

Слова

1. Алиса Цветкова - Alisa Tsvetkova
2. апэр - au-pair
3. ближайший - nächste
4. возможность - die Möglichkeit
5. выбрал - entschied sich für
6. Ганновер - Hannover
7. дата - das Datum
8. дважды - zweimal
9. деревня - das Dorf
10. дочь - die Tochter
11. Евразия - Eurasien
12. жил - lebte
13. конкурс - der Wettbewerb
14. курс - der Kurs
15. менять - ändern
16. изменение - die Änderung
17. надежда - die Hoffnung; надеяться - hoffen
18. несправедливый - ungerecht
19. обучение - lernen
20. один раз - einmal
21. писал - schrieb
22. письмо - der Brief
23. питание - das Essen
24. платил - bezahlte, gezahlt
25. позвонил - rief an
26. посетил - besuchte
27. послал - schickte
28. право - das Recht
29. присоединяться - kommen in
30. проблема - das Problem
31. прошёл - abgelaufen
32. с - seit

33. так как - da, weil
34. Света - Sveta (Name)
35. слуга (M), служанка (F) - der Bedienstete
36. соглашение, договор - die Vereinbarung
37. стандартный - der Standard, Standard-
38. старший - älter
39. страна - das Land
40. сельская местность - das Land
41. страница Интернета - die Website
42. также, тоже - auch
43. участник - der Teilnehmer
44. ФЛЕКС - Schule für Austauschschüler (SAS)
45. хозяин - der Gastgeber
46. человек - die Person
47. электронная почта - die E-Mail

B

ФЛЕКС и апэр

Сестра, брат и родители Роберта жили в Германии. Они жили в Ганновере. Сестру звали Габи. Ей было двадцать лет. Она учила русский с одиннадцати лет. Когда Габи было пятнадцать лет, она захотела принять участие в программе ФЛЕКС. Программа ФЛЕКС даёт возможность некоторым учащимся школ из Германии и Евразии провести год в России, проживая в семье и обучаясь в русской школе. Программа бесплатна. Авиабилеты, проживание в семье, питание, обучение в русской школе оплачиваются Россией. Но к тому времени, когда Света получила информацию о дате конкурса со страницы Интернет, день конкурса уже прошёл.

Затем она узнала о программе апэр. Эта программа даёт участникам возможность провести год или два в другой стране, проживая в принимающей семье, присматривая за детьми и обучаясь на языковых курсах. Так как Роберт учился в Санкт Петербурге, Света написала ему письмо. Она попросила его найти для неё принимающую семью в России.

Роберт просмотрел несколько газет и

Schule für Austauschschüler (SAS) und Au-pair

Roberts Schwester, Bruder und Eltern lebten in Deutschland. Sie wohnten in Hannover. Seine Schwester hieß Gabi. Sie war zwanzig. Sie lernte Russisch, seit sie elf war. Als Gabi fünfzehn war, wollte sie an dem Programm SAS teilnehmen. SAS gibt Highschool-Schülern aus Eurasien die Möglichkeit, ein Jahr in Russland zu verbringen, in einer Gastfamilie zu leben und eine russische Schule zu besuchen. Das Programm ist kostenlos. Das Flugticket, die Unterkunft in der Familie, Essen und das Besuchen der russische Schule werden von SAS gezahlt. Aber als sie sich auf der Website über die Ausschreibung informierte, war die Frist schon abgelaufen. Dann erfuhr sie von dem Au-pair-Programm. Dieses Programm ermöglicht es den Teilnehmern, ein oder zwei Jahre in einem anderen Land zu verbringen, bei einer Gastfamilie zu leben, sich um die Kinder zu kümmern und eine Sprachschule zu besuchen. Da Robert gerade in St Peterburg studierte, schrieb Gabi ihm eine Email. Sie bat ihn darum, eine Gastfamilie für sie in Russland zu finden. Robert sah Zeitungen und Webseiten mit Anzeigen

страниц с объявлениями в Интернете. Он нашёл несколько принимающих семей из России на http://www.Aupair-World.net/. Затем Роберт посетил агентство апэр в Санкт Петербурге. Его консультировала женщина. Её звали Алиса Цветкова.
«Моя сестра из Германии. Она хотела бы быть апэр в русской семье. Можете ли Вы помочь в этом?» спросил Роберт Алису.
«Я буду рада помочь Вам. Мы размещаем апэр в семьях по всей России. Апэр - это человек, который вливается в принимающую семью, чтобы помогать по дому и присматривать за детьми. Принимающая семья предоставляет апэр питание, комнату и карманные деньги. Карманные деньги могут быть от четырёх до шести тысяч рублей. Принимающая семья должна заплатить также за языковый курс для апэр,» сказала Алиса.
«Есть хорошие и плохие семьи?» спросил Роберт.
«Есть две проблемы при выборе семьи. Во-первых, некоторые семьи считают, что апэр - это служанка, которая должна делать всё по дому, включая готовку еды для всех членов семьи, уборку, стирку, работу в саду и так далее. Но апэр - это не служанка. Апэр - это как старшая дочь или сын в семье, который помогает родителям с младшими детьми. Чтобы защитить свои права, апэр должна разработать соглашение с принимающей семьёй. Не верьте, когда некоторые агентства апэр или принимающие семьи говорят, что они используют «стандартное» соглашение. Нет стандартных соглашений. Апэр может изменить любую часть соглашения, если она не справедлива. Всё, что апэр и семья будут делать, должно быть записано в

durch. Er fand russische Gastfamilien auf http://www.aupair-world.net/. Dann ging Robert zu einer Au-pair-Vermittlung in St Peterburg. Er wurde von einer Frau beraten. Sie hieß Alisa Tswetkowa.
„Meine Schwester ist aus Deutschland. Sie würde gerne als Au-pair bei einer russischen Familie arbeiten. Können Sie mir helfen?“ fragte Robert Alisa.
„Natürlich, sehr gerne. Wir vermitteln Au-pairs an Familien in ganz Russland. Ein Au-pair kommt in eine Gastfamilie, um im Haus zu helfen und sich um die Kinder zu kümmern. Die Gastfamilie gibt dem Au-pair Essen, ein Zimmer und Taschengeld. Das Taschengeld liegt zwischen 4000 und 6000 Rubl. Die Gastfamilie muss auch einen Sprachkurs für das Au-pair bezahlen”, sagte Alisa.
„Gibt es gute und schlechte Familien?“ fragte Robert.
„Es gibt zwei Probleme bei der Wahl einer Familie. Zum einen denken manche Familien, dass ein Au-pair ein Bediensteter sei, der alles im Haus machen muss, einschließlich für die ganze Familie kochen, putzen, waschen, Gartenarbeit usw. Aber ein Au-pair ist kein Bediensteter. Ein Au-pair ist wie eine ältere Tochter oder ein älterer Sohn der Familie, der den Eltern mit den jüngeren Kindern hilft. Um ihre Rechte zu schützen, müssen die Au-pairs eine Vereinbarung mit der Gastfamilie ausarbeiten. Glaub bloß nicht, wenn Au-pair-Vermittlungen oder Gastfamilien sagen, dass sie eine Standardvereinbarung verwenden. Es gibt keine Standardvereinbarung. Das Au-pair kann jeden Teil der Vereinbarung ändern, wenn sie ungerecht ist. Alles, was ein Au-pair und die Gastfamilie machen, muss schriftlich in der Vereinbarung festgehalten werden. Das zweite Problem ist: Manche Familien

соглашении.
Вторая проблема такая - некоторые семьи живут в маленьких деревнях, где нет языковых курсов и мало мест, куда апэр может пойти в своё свободное время. В такой ситуации необходимо включать в соглашение, что принимающая семья должна оплачивать билеты до ближайшего большого города и обратно, когда апэр едет туда. Это может быть раз или два раза в неделю.»
«Понятно. Моя сестра хотела бы семью из Санкт Петербурга. Можете ли Вы найти хорошую семью в этом городе?» спросил Роберт.
«Ну что же, сейчас есть примерно двадцать семей из Санкт Петербурга,» ответила Алиса. Она позвонила нескольким из них. Принимающие семьи были рады иметь апэр из Германии. Большинство семей хотели бы получить от Габи письмо с фотографией. Некоторые из них хотели также позвонить ей, чтобы убедиться, что она может немного говорить по-русски. Поэтому Роберт дал им её номер телефона.
Несколько принимающих семей позвонили Габи. Затем она отправила им письма. Она выбрала подходящую семью и с помощью Алисы разработала с ней соглашение. Наконец Габи полная мечтаний и надежд отправилась в Россию.

leben in kleinen Dörfern, in denen es keine Sprachkurse und wenige Orte gibt, wo das Au-pair in seiner Freizeit hingehen kann. In diesem Fall muss die Vereinbarung enthalten, dass die Gastfamilie für Hin- und Rückfahrkarten in die nächste größere Stadt zahlen muss, wenn das Au-pair dorthin fährt. Das kann ein- oder zweimal die Woche sein."
„Alles klar. Meine Schwester hätte gerne eine Familie aus St Peterburg. Können Sie eine gute Familie in dieser Stadt finden?" fragte Robert.
„Na ja, im Moment haben wir etwa zwanzig Familien aus St Peterburg", antwortete Alisa. Sie rief ein paar von ihnen an. Die Gastfamilien waren froh, ein Au-pair-Mädchen aus Deutschland zu bekommen. Die meisten Familien wollten einen Brief mit einem Foto von Gabi. Manche wollten sie auch anrufen, um sicher zu gehen, dass sie ein bisschen Russisch sprach. Also gab Robert ihnen ihre Telefonnummer.
Ein paar Gastfamilien riefen Gabi an. Dann schickte sie ihnen Briefe. Schließlich entschied sie sich für eine passende Familie und arbeitete mit Fraukes Hilfe eine Vereinbarung mit ihnen aus. Die Familie bezahlte das Ticket von Deutschland nach Russland. Schließlich fuhr Gabi voller Hoffnungen und Träume nach Russland.

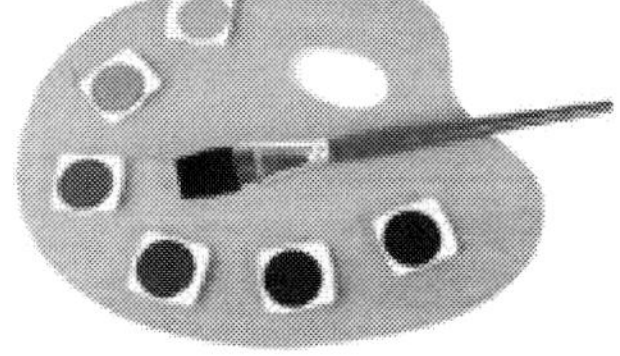

Русско-немецкий словарь

Аа
абсолютный / полный - absolut
авария - der Unfall
авиашоу - die Flugschau
автобус - der Bus
автоответчик - der Anrufbeantworter
авторучка - der Stift; авторучки - die Stifte
агентство - die Agentur
адрес - die Adresse
аккуратный - fleissige
Алиса Цветкова - Alisa Tsvetkova
анализировать - analysieren
Анжела - Angela
анкета - der Fragebogen
Аня - Anya (Name)
аптека - die Apotheke
апэр - au-pair
аспирин - das Aspirin
Бб
банк - die Bank
банка - der Krug
бедный - arm
бежать - rennen, joggen, laufen
без - ohne
без сознания - bewusstlos
белый - weiß
берег - die Küste
билет - die Fahrkarte
бить, ударить - schlagen
благодарить - danken; Благодарю вас. - Danke. Спасибо. - Danke.
бледный - blass
ближайший - nächste, in der Nähe
ближе - näher; близко - nahe
блокнот - das Notizbuch; блокноты - die Notizbücher
более; больше - mehr
большая часть - grösste Teil
большой - groß
Борис Проворнов - Boris Provornov
брат - der Bruder
брать, взять - nehmen
брюки - die Hose
будет - wird; будут - werden; буду - werde
будущий - zukünftig
бумага - das Papier
был, была, было - war
были - waren
быстро - schnell, быстрый - schnelle(r)
быстрый - schnelle; быстро - schnell
Вв
в - in; 2. в - pro; Я зарабатываю 100 рублей в час. - Ich verdiene zehn Rubl pro Stunde. 3. в - um; в час - um eins
важный - wichtig
ванная комната - das Bad, das Badezimmer; ванна - die Badewanne;
ванный столик - der Badezimmertisch
вдоль - entlang
ведро - der Eimer
вёл, ехал - fuhr
великолепно - super, toll
велосипед - das Fahrrad
вести - füren, bringen j-n
ветер - der Wind
ветеринар - der Tierarzt
вечер - der Abend
вещь, предмет - das Ding, die Sache
взял - nahm
взять / принять участие - teilnehmen
вид / тип - Art, Typ
видел - sah
видеодиск - die DVD
видеокассета - die Videokassette
видеомагазин - die Videothek
видеть - sehen
витрина - das Schaufenster
включать - anmachen; выключать - ausmachen
включил - machte an

вкусный - lecker
владелец - der Besitzer
влево / налево - links
вместе - zusammen
вместо (+Genitive) - anstelle; вместо тебя - an deiner Stelle
вниз - nach unten
внимание - die Aufmerksamkeit
внимательно, аккуратно - vorsichtig
внутрь - hinein, in
во время - zu Zeiten
(во)внутрь - hinein, in
во то время, как / пока - während
вода - das Wasser
водитель такси - der Taxifahrer
водительские права - der Führerschein
водить - fahren, водитель - der Fahrer
возвращаться - zurückkommen
воздух - die Luft
возле - in der Nähe
возможно - wahrscheinlich; Я, возможно, пойду в банк. - Ich werde wahrscheinlich zur Bank gehen.
возможность - die Möglichkeit
возможный - möglich
вознаграждение - die Entlohnung
возражать - dagegen sein, protestieren
возраст - das Alter
война - der Krieg
вокруг - rund, umher
волна - die Welle
волноваться - sich Sorgen machen
волосы - das Haar
вонючий - stinkend
вор - der Dieb, воры - die Diebe
восемь - acht
восклицать - (aus)rufen
воскресенье - Sonntag
восстанавливать - gesund pflegen
восстановление - die Genesung, Rehabilitation
восьмой - achter
вправо - rechts
врач - der Arzt
время - die Zeit; время идёт - die Zeit läuft
всё - alles
всё еще - noch, weiterhin
всё подряд - vielseitig, alles könnend
все, каждый - alle
всегда - immer
вслух - laut
вспомнил - erinnerte sich
вставать - aufstehen; Вставай! - Steh auf!
встретил - getroffen, traf, kennengelernt
встречать(ся) - treffen, kennenlernen
второй - zweiter
вчера - gestern
Вы - Sie
выбирать - wählen, aussuchen
выбрал - entschied sich für
высокий, высоко - hoch
выстрелил, подстрелил - schoss; angeschossen
Гг
газ - das Gas
газета - die Zeitung
Ганновер - Hannover
где - wo
Геншер - Genscher (Name)
Германия - Deutschland
глаз - das Auge; глаза - die Augen
глупый - dumm
глядеть - zuschauen
говорить - sprechen
год - das Jahr
голодный - hungrig
голос - die Stimme
город - die Stadt
господин - Herr; г-н Иванов - Hr. Iwanow
гостиница - das Hotel; гостиницы - die Hotels
гость - der Gast
готовка еды - das Kochen

готовый - fertig
грабитель - der Räber; ограбление - der Diebstahl
гражданин - der Herr
грузить - beladen, грузчик - der Verlader, грузовик - der Lastwagen
грустный - traurig
грязный - dreckig
Дд
да - ja
давай, давайте (Pl) - lass uns
давать - geben
дал - gab
далеко - weit; дальше - weiter
дата - das Datum
два - zwei
двадцать - zwanzig
двадцать один - einundzwanzig
двадцать пять - fünfundzwanzig
дважды - zweimal
две тысячи сто двадцать - zweitausendeinhundertzwanzig
дверь - die Tür
двести - zweihundert
двигался - bewegte sich
двигатель - der Motor
двор - der Hof
девочка, девушка - das Mädchen
девятый - neunter
девять - neun
действительно - wirklich
делал - machte
делать - machen
день - der Tag
деньги - das Geld
деревня - das Dorf
десятый - zehnter
десять - zehn
дети - die Kinder
детсад - der Kindergarten
дизайн - das Design
длинный - lang
для, на - für
до - bis, zu; Магазин работает до семи часов. - Der Laden arbeitet bis sieben Uhr; 2. до - zuvor, bevor; Я приеду до пятницы. - Ich komme bevor Freitag.
до свидания - Auf Wiedersehen
довольно (таки) - ziemlich
дождь - der Regen
должен - müssen; Я должен идти. - Ich muss gehen.
должность - die Position
дом - das Haus, das Zuhause
домашнее животное - das Haustier
домашняя работа - die Hausaufgaben
дорога - die Straße
дорогой - lieber, liebe; teuer
достать / доставать - erreichen, langen; herausziehen
доход - das Einkommen
дочь - die Tochter
друг - der Freund
друг друга - einander
другой - ein anderer, eine andere, ein anderes
дружелюбный - freundlich
думать - denken
думая - denkend
Ее
Евразия - Eurasien
его - ihn (Akkusativ), sein(e) (Possessivpronomen); Я знаю его. - Ich kenne ihn. Это его книга. - Das ist sein Buch.
еда - das Essen
её - sie (Akkusativ), ihr(e) (Possessivpronomen); Я знаю её. - Ich kenne sie. Это её книга. - Das ist ihr Buch.
ежедневно - täglich, jeden Tag
ездить - fahren
ей - ihr (Dativ); Я хочу подарить ей эти цветы. - Ich möchte ihr diese Blumen schenken.
ему - ihm

если - ob, wenn, falls
ехать - fahren
ехать на велосипеде - Fahrrad fahren, mit dem Fahrrad fahren
ещё - noch
ещё один - noch einen
Жж
жаль (+Dative) - leid tun; Мне жаль. - Es tut mir leid.
ждал - wartete
ждать - warten
же - doch, ja, aber; Возьмите же эту книгу. - Nehmen Sie doch dieses Buch.
железная дорога - der Bahnhof
жёлтый - gelb
женат(ый) - verheitatet (ein Mann); замужняя - verheitatet (eine Frau)
женский - weiblich
женщина - die Frau
женщины - der Frau (Dat)
животное - das Tier
живущий - wohnhaft
жизнь - das Leben
жил - lebte
жить - leben, wohnen
журнал - die Zeitschrift
журналист - der Journalist
Зз
забавный - lustig
заботиться - sich kümmern um
заботливый, осторожный - sorgfältig
забыть - vergessen
завёл - machte an (den Motor); поехал - fuhr los
заводить - anmachen (nur ein Motor)
завтра - morgen
завтрак - das Frühstück; завтракать - frühstücken
завывая - heulend
загадка - das Rätsel
загрязнять - verschmutzen
задача - die Aufgabe
закончил - machte fertig
закрывать - schließen
закрыл - schloss; закрытый - geschlossen
залаял - bellte
занимать время - Zeit nehmen; Это занимает пять минут. - Es nimmt fünf Minuten.
записка - die Notiz
записывать - aufnehmen
заплатить - zahlen
заполнить - ausfüllen
зарабатывать - verdienen
заставить / заставлять - zwingen
застыть - erstarren
засунуть / засовывать - einstecken
захватить - erbeuten
зацепить(ся) - sich anhaken, hängenbleiben
защищать - beschützen
звезда - der Stern
звёздочка - das Sternchen
звонил - klingelte
звонить - anrufen (am Telefon); 2. klingeln; звонок - das Klingeln
здание - das Gebäude
здесь - hier (Ort), сюда - hierher (Richtung), вот - hier ist / sind
Здорово! - Toll!
здоровье - die Gesundheit
здравствуйте - hallo
зебра - das Zebra
зелёный - grün
земля - die Erde, Land
знакомиться - kennenlernen; Рад(а) с Вами познакомиться. - Ich bin froh Sie kennenzulernen.
знал - wusste
знать - kennen, wissen
значить - bedeuten
зоопарк - der Zoo
зрители - das Publikum
Ии
и так далее - usw.

и; а - und
Иван - Ivan (Name)
игра - das Spiel
играть - spielen
игрушка - das Spielzeug
идея - die Idee
идти / ходить - kommen / gehen
из, с, от - aus, von
извинять - sich entschuldigen; Извините (меня). - Entschuldigen Sie (mich).
издательство - der Verlag
из-за - wegen
изменение - die Änderung
или - oder
им - ihnen (Dativ)
имеет - er/sie/es hat; Он имеет книгу. - Er hat ein Buch.
имел - hatte, gehabt
иметь - haben
имя - der Name; название - der Name (für Sachen); называть - nennen
индивидуально - einzeln
инженер - der Ingenieur
иногда - manchmal, ab und zu
инопланетянин / пришелец - der Außerirdische
интересный - interessant
информация - die Information, die Angabe
искать - suchen
искренне - offenherzig
искусство - die Kunst
Испания - Spanien
испанский - spanische
использовать - benutzen
испуганный - ängstlich
история - die Geschichte
итальянский - Italienische
их - sie (Akkusativ), ihr(e) (Possessivpronomen); Я знаю их. - Ich kenne sie. Это их

Кк

книги. - Das sind ihre Bücher.
к, в, на - zu; Я иду в банк. - Ich gehe zur Bank.
каждый - jeder, jede, jedes
как - wie; Как я. - Wie ich.
как будто - als ob
Как дела? - Wie geht es?
как можно чаще - so oft wie möglich
какой - welcher/welche/welches; Какой стол? - Welcher Tisch?
какой-нибудь - irgendein
камень - der Stein
капитан - der Kapitän
карман - die Tasche
карта - die Karte; карта мужчины - der Plan des Mannes
картин(к)а, изображение - das Foto, das Bild
Каспер - Kasper (Name)
касса - die Kasse; кассир - der Kassierer
кафе - das Café
качаясь - schaukelnd
квитанция - die Quittung
кенгуру - das Känguru
километр - der Kilometer
кит - der Wal; кит-убийца - der Schwertwal
клавиатура - die Tastatur
класс - die Klasse
классная комната - das Klassenzimmer
клиент - der Kunde
клуб - der Verein
ключ - der Schlüssel
книга - das Buch
книжный шкаф - das Bücherregal
кнопка - der Knopf
ковёр - der Teppich
когда - wenn
колесо - das Rad
коллега - der Kollege
Колобоков - Kolobokov (Name)
команда - die Mannschaft
комар - die Stechmücke

комната - das Zimmer; комнаты - die Zimmer
компакт-диск - die CD
компания - die Firma
компьютер - der Computer
конец - das Ende; кончать - beenden
конечно - natürlich
конкурс - der Wettbewerb
консультант - der Berater; консультировать - beraten
консультация - die Beratung
контроль - die Kontrolle
координация - die Koordination
корабль - das Schiff
кормить - füttern
короткий - kurz
космический корабль - das Raumschiff
космос - das Weltall
котёнок - das Kätzchen
который - der, die, das (konj.)
кофе - der Kaffee
кошечка - die Miezekatze
кошка - die Katze
кран - der Wasserhahn
красивый - schön
красный - rot
красть / воровать - stehlen
крепкий - starker
крикнул - gerufen, rief
криминальный - kriminell, преступник - der Verbrecher
кристалл - das Kristall
Кристиан - Kristian (Name)
Кристиана - Kristians
кричать - schreien, rufen
кровати - die Betten; кровать - das Bett
кроме - außer, ausgenommen
крыса - die Ratte
крыша - das Dach
кстати - übrigens
кто, который - wer
кто-нибудь (кого-нибудь), кто-то - jemand (jemanden)
Кузьма - Kuzma (Name)
кукла - die Puppe
курс - der Kurs
куртка - die Jacke
кусать - beißen
кухня - die Küche
кушать, есть - essen
Кэрол - Carol
Лл
ладно - gut, alles klar
лазер - der Laser
лев - der Löwe
лежать - liegen
лестница - die Treppe
летать - fliegen
ли - ob; Может ли он помочь? - Ob er helfen kann?
лидер - der Führer
лис(а) - der Fuchs
лист - das Blatt
лифт - der Aufzug
лицо - das Gesicht
личный - persönlich
лишь - nur
ловить - fangen
ложить - legen
лучше - besser
лучший - beste
Люба - Luba (Name)
любил - liebte, geliebt
любимый - Lieblings-
любить - mögen, lieben
любовь - die Liebe, любить - lieben
любой - jeder; один из вас - einer von euch
люди - die Menschen
Мм
магазин - der Laden; магазины - die Läden
мадам - die Madame
маленький - klein
мало - wenig
мальчик - der Junge

мама - Mama, die Mutter
мамин - der Muti (Dat)
масло - die Butter
матрас - die Matratze
мать - die Mutter
машина - das Auto, die Maschine
мебель - die Möbel
медицинский - medizinisch
медленно - langsam
между - zwischen
меньше, менее - weniger
меня / мне - mich / mir
менять - ändern
место - der Platz, помещать - legen
месяц - der Monat
металл, металлический - das Metall
метод - die Methode
метр - der Meter
мечта - der Traum; мечтать - träumen
микрофон - das Mikrofon
миллиард - Billionen
мимо - vorbei
минимум - wenigstens
минута - die Minute
мир - die Welt
Михаил - Mikhail
мне - mir
мне интересно / любопытно - ich frage mich
много - viel, viele
мобильный - das Handy
мог - könnte
можно - dürfen, können; Можно Вам помочь? - Kann ich Ihnen helfen?
мой (M), моя (F), моё (N), мои (Pl) - mein, meine, mein
мокрый - nass
молодой - jung
молчаливый - leise
молчать - schweigen; молча - schweigend
момент - der Moment
монотонный - monoton
море - das Meer
мороженое - das Eis
мост - die Brücke
мочь, уметь - können; Я умею / могу читать. - Ich kann lesen.
мужской - männlich
мужчина - der Mann
мужчины - die Männer
музыка - die Musik
мы - wir
мыть - waschen
Нн
на - auf, in, on, at
на протяжении - im Verlauf, während
на улице - draußen
на улицу - nach außen
набрать / набирать - wählen (am Telefon)
навык(и) - die Fertigkeit(en)
нагревать - aufwärmen
над - über
надежда - die Hoffnung; надеяться - hoffen
надо / нужно (+ Dative) - brauchen
нажал ногой - trat; нажимая ногой - tretend
нажать / нажимать - drücken
назад, обратно - zurück
наконец - schließlich
наличные деньги - das Bargeld
нам / нас - uns (Dat.) / uns (Ak.)
(на)писать - schreiben
наполнять - füllen
направил на - richtete
направляться / идти - gehen
наружу - nach draussen
наручники - die Handschellen
настоящий - wirkliche
наступать - treten
насыпать - schütten, gießen
(на)учиться - lernen
находится - ist, befindet sich; Магазин находится рядом. - Der Laden ist nah.

находить - finden
находятся - sind, befinden sich; Магазины находятся рядом. - Die Läden sind nah.
национальность - die Nationalität
начал - begann, begonnen
начинать - anfangen
наш - unser
нашёл - gefunden
не - nicht
неделя - die Woche
незнакомый - fremd
неисправен - außer Betrieb
нельзя (+ Dative) - nicht dürfen; Ему нельзя работать. - Er darf nicht arbeiten.
немедленно - sofort
немец - der Deutsche, немка - die Deutsche
немецкий - deutsche
ненавидеть - hassen
неожиданно - plötzlich
неожиданность - Überraschung
неправильно - falsch; исправлять - korrigieren
несколько, немного - ein paar, einige
несправедливый - ungerecht
нести - bringen in Händen; везти - transportieren
нет - nein
нефть - das Öl
никакой - kein(er)
никогда - nie
Николаевич - Nikolaevich (Vatersname)
Николай - Nikolai (Name)
никто - niemand
ничего / ничто́ - nichts
но - aber
новый - neu
нога - das Bein
номер - die Nummer
Норвегия - Norwegen
нос - die Nase
ночь - die Nacht
нравиться (passive form +Dative) - gefallen; Она мне нравится. - Sie gefällt mir.

Оо

О! - Oh!
обезьяна - der Affe
обрадоваться - froh werden
образование - die Ausbildung
обслуживать - bedienen
обучение - lernen
общежитие - das Studentenwohnheim
объявление - das Inserat
объяснять / объяснить - erklären; Вы можете объяснить это? - Können Sie das erklären?
обычно - normalerweise
обычный - gewöhnlich, normal
огонь - das Feuer
ограничение, лимит - die Begrenzung
одевать / одеть - anziehen
одежда - Kleidung
одетый - gekleidet, angezogen
один - ein
один за другим - einer nach dem anderen
один раз - einmal
одиннадцать - elf
одинокий - ledig
озеро - der See
окна - die Fenster; окно - das Fenster
олимпийский - olympisch
он - er
она - sie (Sing.)
они - sie (Plural)
оно - es
опыт - die Erfahrung
оружие - die Waffe
особенно - vor allem
оставаться - bleiben
оставить - verlassen
останавливать(ся) - anhalten
остановил - beendete
отвернуться - sich abwenden

ответ - die Antwort, отвечать - antworten, erwidern
ответил - geantwortet, antwortete
отдел кадров - die Personalabteilung
отказывать(-ся) - ablehnen
открывать - öffnen
открыл - geöffnet, öffnete
отпускать - freisetzen
отчество - der Vatersname, der zweite Name
офис - das Büro
офицер - der Polizist
оценивать - beurteilen
оценил - ausgewertet
очень - sehr
очередь - die Schlange
очищая - putzend
Пп
падать - fallen; упал - fiel
падающий - fallend
падение - der Fall
паниковать - in Panik versetzen
папа - der Vater, папин - Vatis (Dat)
папочка - Papa
парашют - der Fallschirm
парашютист - der Fallschirmspringer
парень - der Junge
парк - der Park; парки - die Parks
патруль - die Patroiulle, die Streife
Паша - Pascha (Name)
Паши - Paschas; книга Паши - Paschas Buch
певец (M), певица (F) - der Sänger
первый - der erste
переводчик - der Übersetzer
переворачивать (страницу) - durchblättern
перед - gegen, vor, bevor
перед тем, как - bevor, zuvor
передний - vorn
перерыв - die Pause
песок - der Sand
петь - singen
пешком - zu Fuß
пилот - der Pilot
писал - schrieb
писать - schreiben
писатель - der Schriftsteller
писательская работа - Schreibarbeit
письменный стол - der Schreibtisch
письмо - der Brief
питание - das Essen
пить - trinken
плавать - schwimmen
плакать - weinen
план - der Plan, планировать - planen
планета - der Planet
платил - bezahlte, gezahlt
платье - Kleidung
плита кухонная - der Herd
плохой - schlecht
площадь - der Platz
плывущий - schwimmender, treibender
плыть - schwimmen, treiben
повернул(-ся) - drehte (sich)
погода - das Wetter
погоня - die Verfolgung
погружаться - sinken, eintauchen
под - unter
подавать заявление - sich bewerben
поднимать - heben
подниматься - aufstehen
подойти для.. - geeignet sein für..
подруга - die Freundin
подходящий - passend
подчеркнуть - unterstreichen
поезд - der Zug
поездка - Fahrt
пожалуйста - bitte
позвонил - rief an
поймать - fangen
пока - tschüss
показал - zeigte
показывать - zeigen
покидать / уходить - verlassen
покупать - kaufen

покупка - Einkauf
пол - das Geschlecht; der Boden
полагать - glauben
пол-девятого - halb neun
поле, графа - das Feld
полицейский - der Polizist
полиция - die Polizei
полная занятость - Vollzeitarbeit
полный - voll
половина - halb
положение - der Stand; семейное положение - der Familienstand
(по)ложить - legen
получать / получить - bekommen, kriegen, erhalten
помощник - der Helfer
помощь - die Hilfe; помочь - helfen
(по)мыть - waschen
понедельник - Montag
понимать - verstehen
понял - verstanden, verstand
пора - es ist an die Zeit, es ist soweit
посетил - besuchte
посетитель - der Gast, der Besucher
послал - schickte
после - nach
посмотрел - sah, schaute, geschaut
постоянный - beständig
потом, тогда, затем - dann; после этого - danach
потому что - weil
почему - warum
почистил - säuberte
поэтому - deshalb, deswegen
правило - die Regel
правильно - richtig
правильный - richtig(er)
право - das Recht
прежде чем - bevor
прекрасный - schön
преподавать - beibringen, lehren
приблизительно, около - etwa
прибыл - angekommen
прибыть - ankommen
привет - hallo
приветствовать - grüssen
привозить - bringen
привозя - bringend
приготовить(ся) - vorbereiten (sich)
приземляться - landen
приказывать - befehlen
приключение - das Abenteuer
пример - das Beispiel; например - zum Beispiel
примерно - etwa
принесены(е) - gebracht
природа - die Natur
присоединяться - kommen in
приставать к (+Dative) - ärgern
пристёгивать - anschnallen
притвориться / притворяться - vorgeben; so tun, als ob
причина - der Grund
пришёл - kam, gekommen
(про)анализировать - analysieren
проблема - das Problem
пробовать - versuchen
проверять - kontrollieren
провод, кабель - das Kabel
проводить время - Zeit verbringen
проворный - schnelle
проглотить - (hinunter)schlucken
программа - das Programm
программист - der Programmierer
прогулка - Spaziergang
продавать - verkaufen
продавец / продавщица - der Verkäufer / die Verkäuferin
продолжаться - dauern
продолжение следует - Fortsetzung folgt
продолжить - fortführen
производить - herstellen
происходить - passieren; произошло - passiert
проклятье - verdammt

пронёсся - raste
пропал - weg sein
просить - bitten
простой - einfach
против - gegen
профессия - der Beruf
прочь - weg
прошёл - abgelaufen
прошлый - vorige, letzte
прыгать - springen; прыжок - der Sprung
прятать(-ся) - sich verstecken; прятки - das Versteckspiel
птица - der Vogel
пускать, позволить - lassen
пустой / пустая - leer
путь - der Weg
пытался - versuchte
пытаться - versuchen
пятнадцать - fünfzehn
пятый - fünfter
пять - fünf
Рр
работа - Arbeit; агентство по трудоустройству - die Arbeitsvermittlung
работать - arbeiten
работал - arbeitete, gearbeitet
работающий - arbeitende
работодатель - der Arbeitgeber
рабочий - der Arbeiter
рад - froh
радар - der Radar
радио - das Radio
разбить - zerbrechen
развивать - entwickeln
разговаривать - sich unterhalten
разгружать - abladen
различный - verschieden
разрешить / разрешать - erlauben, gestatten
разрушать - zerstören
разъезжать - reisen
раньше - vorher
распространять(ся) - übergreifen
ребёнок - das Kind
редактор - der Herausgeber, der Redakteur
редко - selten
резина - der Gummi
реклама - die Werbung
рекомендовал - empfiehl
рекомендовать - empfehlen, рекомендация - die Empfehlung
ремни безопасности - der Sicherheitsgurt
репортёр - der Reporter
речь - die Rede
рикошетом - abprallen
Роберт - Robert (Name)
Роберта - Roberts
род - die Art
родитель - die Eltern
родной язык - die Muttersprache
Россия - Russland
россиянин / русский (M), россиянка / русская (F) - Russe / Russin, российский / русский (M) (Adj) - russische; русский язык - russische Sprache
рубль - Rubl (russisches Geld)
рубрика - die Rubrik
рука - der Arm; рука (ладонь) - Hand
руководитель / руководительница - der Leiter / die Leiterin
русская / россиянка (F) - Russin
русский / россиянин (M) - Russe
русский, российский (Adj) - russisch
рядом - nahe
Сс
с - mit; 2. seit
сад - der Garten
садиться - sich setzen
самолёт - das Flugzeug
самый - meist
Санкт Петербург - St Peterburg (city)

Света - Sveta (Name)
свободно - fließend
свободный - frei
свой - ersetzt alle Possessivpronomen (Singular und Plural), wenn das Subjekt im Satz der Besitzer des Objektes ist: Я использую свой компьютер. - Ich benutze mein (eigener) Komputer.
сдать экзамен - eine Prüfung bestehen
сдаться - aufgeben
сегодня - heute
седовласый - grauhaarig
седьмой - siebter
сезон - die (Jahres)zeit
сейф - der Tresor
сейчас - jetzt, zurzeit, gerade
секрет - das Geheimnis
секретарь - die Sekretärin
сельская местность - das Land
семена - das Saatgut
семнадцать - siebzehn
семь - sieben
семья - die Familie
Сергей - Sergey
сердито - wütend
сердитый - wütend
сержант - der Polizeihauptmeister
сериал - die Serie
серый - grau
серьёзно - ernst
сестра - die Schwester
сзади - hinter
сигнал - der Piepton
сиденье - der Sitz
сидеть - sitzen
сидиплеер - der CD-Spieler
сила - die Stärke
сильно - stark, сильный - stark
синий - blau
сирена - die Sirene
ситуация - die Situation
сказал - sagte
сказать - sagen
сколько - wieviel
сконфуженный - verwirrt
скоро, вскоре - bald
скорость - die Geschwindigkeit;
нарушитель - der Raser
слегка - leicht
слишком - zu; слишком дорогой - zu teuer
слова - die Wörter, die Vokabeln; слово - das Wort, die Vokabel
слуга (M), служанка (F) - der Bedienstete
слушать - hören; Я слушаю музыку. - Ich höre Musik.
слышал - hörte, gehört
смертельный - tödlich
смеяться - lachen
смотреть - schauen, betrachten
сначала - erst
снимать - abnehmen
снова, опять - wieder
собака - der Hund
собственный - eigener, eigene, eigenes
соглашаться - einverstanden sein;
согласен / согласный - einverstanden (Adj)
соглашение, договор - die Vereinbarung
сожалеть - leid tun; Я сожалею. - Es tut mir leid.
сон - der Schlaf
сообразительный - intelligent
сообщать - informieren, mitteilen
сообщил - informierte, teilte mit
сопровождал - begleitet, begleitete
сопровождать - begleiten
сорок четыре - vierundvierzig
сосед - der Nachbar
соседний - der nächste
составить / составлять - entwerfen, verfassen
сочинение, композиция - der Entwurf, der Text
спаниель - der Spaniel

спасательная служба - der Rettungsdienst
спасать - retten
спать - schlafen
способ - Art und Weise
способность / одарённость - die Begabung
спросил - fragte, gefragt
спросить - fragen
спрятался - versteckte
сразу - gleich
ставить - stellen; ложить - legen
стандартный - der Standard, Standard-
становиться - werden
станция - station
старший - älter
старый - alt
стекать - ablaufen
стекло - das Glas
стиральная машина - die Waschmaschine
сто - hundert
стоить - kosten
стол - der Tisch; столы - die Tische
стоять - stehen
страна - das Land
страница Интернета - die Website
строгий - strenge
стройный - schlank
студент - der Student; студенты - die Studenten
стул - der Stuhl
ступня - der Fuß
стыдиться - sich schämen; ему стыдно - er schämt sich
суббота - Samstag
суметь - schaffen
сумка - die Tasche
супермаркет - der Supermarkt
сушить - trocknen; сухой - trocken
сходить с - aussteigen
счастливый - glücklich
счастье - das Glück
список - die Liste
спорт - der Sport; спортивный магазин - das Sportgeschäft, спортивный велосипед - das Sportfahrrad
США - die USA
сын - der Sohn
сэндвич - das Sandwich
Тт
таблетка - die Tablette
тайком - heimlich
так как - weil, denn, da
также, тоже - auch
такси - das Taxi
там - dort (Platz)
танкер - der Tanker
танцевал - tanzte
танцевать - tanzen
танцуя - tanzend
тарелка - der Teller
твой - dein (Possessiv), ваш - euer, Ваш - Ihr
творческий - kreativ
те - jene (pl.)
текст - der Text
телевидение - der Fernseher
телевизор - der Fernseher
телефон - das Telefon; звонить - telefonieren
телефонная трубка - der Telefonhörer
тем временем - in der Zwischenzeit
тёмный - dunkel
тёплый - warm
тереть(-ся) - reiben (sich)
терять - verlieren
тест - die Prüfung
тестировать - prüfen
течение - der Fluss
тигр - der Tiger
тихо - leise
товарищ - comrade
тоже, также - auch
ток - der Strom
толкать - stoßen, ziehen

только - nur
(тому) назад - vor; год (тому) назад - vor einem Jahr
торговый центр - das Einkaufszentrum
тормоз - die Bremse, тормозить - bremsen
тормозок - der Imbiss
тот - jener, jene, jenes
тот же самый - der Gleiche; одновременно - gleichzeitig
транспорт - der Transport
тратить - ausgeben, verwenden
тревога - der Alarm
тренированный - trainiert
тренировать - trainieren
третий - dritter
три - drei
тридцать - dreißig
трудный - schwer
трюк - der Trick
трюк по спасению жизни - der Rettungstrick
тряс(-ся) - wackelte
трясти(сь) - zittern
туалет - die Toilette
туда - dorthin (Richtung)
ты, Вы, вы - du, Sie, ihr
тысяча - eintausend
тянуть - ziehen
Уу
у меня - ich habe, у нас - wir haben, у тебя / у вас - du hast / ihr habt, у Вас - Sie haben, у него - er / es hat, у неё - sie hat, у них - sie haben
у, около, в - am, beim
убедиться - eine Überzeugung gewinnen
убежал - lief weg
убийца - der Mörder
убил - tötete, getötet (part.)
убрать / убирать - wegnehmen
уверенный - sicher
уволить - feuern
уделять время - Zeit zuteilen / finden
удивительный - wunderbar
удивление - die Überraschung
удивлённый - überrascht, verwundert
удивлять - überraschen
удовольствие - der Spaß
уже - schon
узнал о.. - kennengelernt über..
узнать - erfahren
украденный - gestohlen
укрытие - die Abdeckung
улетел - flog weg
улица - die Straße; улицы - die Straßen
улица Щорса - Shchorsa street
улыбаться - lächeln
улыбка - das Lächeln
улыбнулся - lächelte, gelächelt
умение, навык - die Fähigkeit
умирать - sterben, умер - starb
умный - schlau, klug
умственная работа - Kopfarbeit
умываться - waschen
университет - die Universität
уничтожить - zerstören
управлять / рулить - lenken
урок - die Unterrichtsstunde, die Aufgabe
уставший - müde
устроить - einrichten; устройство на работу - Arbeitsbewerbung
утро - der Morgen
ухо - das Ohr
уходить - weggehen
участник - der Teilnehmer
учебник - das Fachbuch
учитель - der Lehrer
учить(-ся) / изучать - studieren, lernen
ушёл - ging (weg)
Фф
ферма - der Bauernhof
фермер - der Bauer
физическая работа - die Handarbeit
фильм - der Film
финансы - die Finanzwissenschaft
фирма - die Firma

ФЛЕКС - Schule für Austauschschüler (SAS)
Форд - Ford
форма, анкета - das Formular
фотографировать / снимать - fotografieren; фотография / снимок - die Fotografie; фотограф - der Fotograf
фраза - der Satz
Хх
хвост - der Schwanz
химический - chemisch; химикаты - die Chemikalien
химия - die Chemie
хитрый - schlauer; хитро - schlau
хлеб - das Brot
хозяин - der Gastgeber
холодный - kalt; холод - die Kälte
хороший / хорошо - gut
хорошо - gut, alles klar
хотел - wollte
хотеть - wollen
хотя - obwohl
художник - der Künstler
Цц
цветок - die Blume
целовать - küssen
цена - der Preis
центр - das Zentrum; центр города - das Stadtzentrum
центральный - Haupt-, zentral
церемония - die Feier
Чч
чаеварка - Teemaschine
чай - der Tee
чайник - der Kessel
час - die Stunde; ежечасно - stündlich;
час - Uhr; Два часа. - Es ist zwei Uhr.
частичная занятость - die Teilzeitarbeit
часто - oft
часть - der Teil
часы - die Uhr
чашка - die Tasse
чей - wessen
человек - der Mensch; человеческий - menschlich
чем - als; Николай старше чем Люба. - Nikolai ist älter als Liuba.
через - hindurch; 2. in; через два часа - in zwei Stunden
чёрный - schwarz
четвёртый - vierter
четыре - vier
чистый - sauber; чистить - putzen
читать - lesen
читающий - lesende
чтение - das Lesen
что - dass; Я знаю, что она русская. - Ich weiss, dass sie ist Russin.
что - was; Что это? - Was ist das?
что насчёт…? - was ist mit…?
чтобы - um .. zu ..
что-нибудь - etwas
что-то - etwas
чувствуя - fühlend
чуть(-чуть) - ein bisschen
чучело парашютиста - die Fallschirmspringerpuppe
Шш
шаг - der Schritt
шанс - die Chance
шестой - sechster
шесть - sechs
шестьдесят - sechzig
широкий - weit; широко - weit
школа - die Schule
шляпа - der Hut
Щщ
щенок - der Welpe
Ээ
эй! - Hey!
Экспресс Банк - Express Bank
электрический - elektrisch
электронная почта - die E-Mail
энергия - die Energie
эти - diese
это - diese Dinge

этот (M), эта (F), это (N) - dieser, diese, dieses; эта книга - dieses Buch

Яя

я - ich

я буду - Ich werde

язык - die Sprache

ящик - die Kiste

Немецко-русский словарь

Aa
Abdeckung die - укрытие
Abend der - вечер
Abenteuer das - приключение
aber - но
abgelaufen - прошёл
abladen - разгружать
ablaufen - стекать
ablehnen - отказывать(-ся)
abnehmen - снимать
abprallen - рикошетом
absolut - абсолютный / полный
acht - восемь
achter - восьмой
Adresse die - адрес
Affe der - обезьяна
Agentur die - агентство
Alarm der - тревога
Alisa Tsvetkova - Алиса Цветкова
alle - все, каждый
alles - всё
alles klar - ладно, хорошо
als - чем; Николай старше чем Люба. - Nikolai ist älter als Liuba.
als ob - как будто
alt - старый
älter - старший
Alter das - возраст
am, beim - у, около, в
analysieren - (про)анализировать
anderer, eine andere, ein anderes - другой
ändern - менять
Änderung die - изменение
anfangen - начинать
angekommen - прибыл
Angela - Анжела
ängstlich - испуганный
anhalten - останавливать(ся)
ankommen - прибыть
anmachen (nur ein Motor) - заводить, включать
Anrufbeantworter der - автоответчик
anrufen (am Telefon) - звонить
anschnallen - пристёгивать
anstelle - вместо (+Genitive); вместо тебя - an deiner Stelle
Antwort die - ответ
antworten, erwidern - отвечать
Anya (Name) - Аня
anziehen - одевать / одеть
Apotheke die - аптека
Arbeit - работа
arbeiten - работать
arbeitende - работающий
Arbeiter der - рабочий
arbeitete, gearbeitet - работал
Arbeitgeber der - работодатель
Arbeitsbewerbung - устройство на работу
Arbeitsvermittlung die - агентство по трудоустройству
ärgern - приставать к (+Dative)
arm - бедный
Arm der - рука
Art, Typ - способ, вид / тип
Arzt der - врач
Aspirin das - аспирин
auch - также, тоже
Auf Wiedersehen - до свидания
auf, in, on, at - на
Aufgabe die - задача
aufgeben - сдаться
Aufmerksamkeit die - внимание
aufnehmen - записывать
aufstehen - вставать, подниматься
aufwärmen - нагревать
Aufzug der - лифт
Auge das - глаз
Augen die - глаза

au-pair - апэр
aus, von - из, с, от
Ausbildung die - образование
ausfüllen - заполнить
ausgeben, verwenden - тратить
ausgewertet - оценил
ausmachen - выключать
(aus)rufen - восклицать
außer Betrieb - неисправен
außer, ausgenommen - кроме
Außerirdische der - инопланетянин / пришелец
aussteigen - сходить с
Auto das, die Maschine - машина
Bb
Bad das, das Badezimmer - ванная комната
Badewanne die - ванна
Badezimmertisch der - ванный столик
Bahnhof der - железная дорога
bald - скоро, вскоре
Bank die - банк
Bargeld das - наличные деньги
Bauer der - фермер
Bauernhof der - ферма
bedeuten - значить
bedienen - обслуживать
Bedienstete der - слуга (M), служанка (F)
beenden - кончать
beendete - остановил
befehlen - приказывать
Begabung die - способность / одарённость
begann, begonnen - начал
begleiten - сопровождать
begleitet, begleitete - сопровождал
Begrenzung die - ограничение, лимит
beibringen, lehren - преподавать
Bein das - нога
Beispiel das - пример; например - zum Beispiel
beißen - кусать
bekommen, kriegen, erhalten - получать / получить
beladen - грузить
bellte - залаял
benutzen - использовать
beraten - консультировать
Berater der - консультант
Beratung die - консультация
Beruf der - профессия
beschützen - защищать
Besitzer der - владелец
besser - лучше
beständig - постоянный
beste - лучший
besuchte - посетил
Bett das - кровать
Betten die - кровати
beurteilen - оценивать
bevor, zuvor - перед тем, как; прежде чем
bewegte sich - двигался
bewusstlos - без сознания
bezahlte, gezahlt - платил
Billionen - миллиард
bis, zu - до; Магазин работает до семи часов. - Der Laden arbeitet bis sieben Uhr
bisschen - чуть(-чуть)
bitte - пожалуйста
bitten - просить
blass - бледный
Blatt das - лист
blau - синий
bleiben - оставаться
Blume die - цветок
Boris Provornov - Борис Проворнов
brauchen - надо / нужно (+ Dative)
Bremse die - тормоз
bremsen - тормозить
Brief der - письмо
bringen (mit Transport) - (при)везти;
bringen (in Händen) - (при)нести
bringend - привозя

Brot das - хлеб
Brücke die - мост
Bruder der - брат
Buch das - книга
Bücherregal das - книжный шкаф
Büro das - офис
Bus der - автобус
Butter die - масло
Cc
Café das - кафе
Carol - Кэрол
CD die - компакт-диск
CD-Spieler der - сидиплеер
Chance die - шанс
Chemie die - химия
Chemikalien die - химикаты
chemisch - химический
Computer der - компьютер
comrade - товарищ
Dd
Dach das - крыша
dagegen sein, protestieren - возражать
danach - после этого
Danke. - Благодарю вас; Спасибо.
danken - благодарить
dann - потом, тогда, затем
dass - что; Я знаю, что она русская. - Ich weiss, dass sie ist Russin.
Datum das - дата
dauern - продолжаться
dein (Possessiv) - твой
denken - думать
denkend - думая
der, die, das, die (Pl.) (Konj.) - который, которая, которое, которые
deshalb, deswegen - поэтому
Design das - дизайн
deutsche - немецкий
Deutsche der - немец
Deutsche die - немка
Deutschland - Германия
Dieb der - вор
Diebe die - воры
Diebstahl der - ограбление
diese - эти
diese Dinge - это
dieser, diese, dieses - этот (M), эта (F), это (N); эта книга - dieses Buch
Ding das, die Sache - вещь, предмет
doch, ja, aber - же; Возьмите же эту книгу. - Nehmen Sie doch dieses Buch.
Dorf das - деревня
dort (Platz) - там
dorthin (Richtung) - туда
draußen - на улице
dreckig - грязный
drehte (sich) - повернул(-ся)
drei - три
dreißig - тридцать
dritter - третий
drücken - нажать / нажимать
du hast / ihr habt - у тебя / у вас
du, Sie, ihr - ты, Вы, вы
dumm - глупый
dunkel - тёмный
durchblättern - переворачивать (страницу)
dürfen, können - можно; Можно Вам помочь? - Kann ich Ihnen helfen?
DVD die - видеодиск
Ee
eigener, eigene, eigenes - собственный
Eimer der - ведро
ein - один
ein paar, einige - несколько, немного
einander - друг друга
einer nach dem anderen - один за другим
einfach - простой
Einkauf - покупка
Einkaufszentrum das - торговый центр
Einkommen das - доход
einmal - один раз
einrichten - устроить
einstecken - засунуть / засовывать
eintausend - тысяча

einundzwanzig - двадцать один
einverstanden (Adj) - согласен / согласный
einverstanden sein - соглашаться
einzeln - индивидуально
Eis das - мороженое
elektrisch - электрический
elf - одиннадцать
Eltern die - родитель
E-Mail die - электронная почта
empfehlen - рекомендовать
Empfehlung die - рекомендация
empfiehl - рекомендовал
Ende das - конец
Energie die - энергия
entlang - вдоль
Entlohnung die - вознаграждение
entschied sich für - выбрал
entwerfen, verfassen - составить / составлять
entwickeln - развивать
Entwurf der, der Text - сочинение, композиция
er - он
er / sie / es hat - у него / у неё / у него, имеет; У него есть книга. = Он имеет книгу. - Er hat ein Buch.
erbeuten - захватить
Erde die, Land - земля
erfahren - узнать
Erfahrung die - опыт
erinnerte sich - вспомнил
erklären - объяснять / объяснить; Вы можете объяснить это? - Können Sie das erklären?
erlauben, gestatten - разрешить / разрешать
ernst - серьёзно
erreichen, langen; herausziehen - достать / доставать
erst - сначала
erstarren - застыть
erste - первый
es - оно
es ist an die Zeit, es ist soweit - пора
essen - кушать, есть
Essen das - еда, питание
etwa - приблизительно, около, примерно
etwas - что-нибудь, что-то
euer - ваш
Eurasien - Евразия
Express Bank - Экспресс Банк
Ff
Fachbuch das - учебник
Fähigkeit die - умение, навык
fahren - водить, ездить, ехать
Fahrer der - водитель
Fahrkarte die - билет
Fahrrad das - велосипед; Fahrrad fahren, mit dem Fahrrad fahren - ехать на велосипеде
Fahrt - поездка
Fall der - падение
fallen - падать
fallend - падающий
Fallschirm der - парашют
Fallschirmspringer der - парашютист
Fallschirmspringerpuppe die - чучело парашютиста
falsch - неправильно
Familie die - семья
fangen - ловить, поймать
Feier die - церемония
Feld das - поле, графа
Fenster das - окно
Fenster die - окна
Fernseher der - телевизор
fertig - готовый
Fertigkeit(en) die - навык(и)
Feuer das - огонь
feuern - уволить
fiel - упал
Film der - фильм
Finanzwissenschaft die - финансы
finden - находить

Firma die - компания, фирма
fleissige - аккуратный
fliegen - летать
fließend - свободно
flog weg - улетел
Flugschau die - авиашоу
Flugzeug das - самолёт
Fluss der - течение
Ford - Форд
Formular das - форма, анкета
fortführen - продолжить
Fortsetzung folgt - продолжение следует
Foto das, das Bild - картин(к)а, изображение
Fotograf der - фотограф
Fotografie die - фотография / снимок
fotografieren - фотографировать / снимать
Fragebogen der - анкета
fragen - спросить
fragte, gefragt - спросил
Frau der (Dat) - женщины
Frau die - женщина
frei - свободный
freisetzen - отпускать
fremd - незнакомый
Freund der - друг
Freundin die - подруга
freundlich - дружелюбный
froh - рад
froh werden - обрадоваться
Frühstück das - завтрак
frühstücken - завтракать
Fuchs der - лис(а)
fühlend - чувствуя
fuhr - вёл, ехал
fuhr los - поехал
Führer der - лидер
Führerschein der - водительские права
füllen - наполнять
fünf - пять
fünfter - пятый
fünfundzwanzig - двадцать пять
fünfzehn - пятнадцать
für - для, на
füren, bringen j-n - вести
Fuß der - ступня
füttern - кормить
Gg
gab - дал
Garten der - сад
Gas das - газ
Gast der, der Besucher - посетитель, гость
Gastgeber der - хозяин
geantwortet, antwortete - ответил
Gebäude das - здание
geben - давать
gebracht - принесены(е)
geeignet sein für.. - подойти для..
gefallen - нравиться (passive form +Dative); Она мне нравится. - Sie gefällt mir.
gefunden - нашёл
gegen etwas - против чего-то
gegen, vor, bevor - перед, напротив
Geheimnis das - секрет
gehen - направляться / идти
gekleidet, angezogen - одетый
gelb - жёлтый
Geld das - деньги
Genesung die, Rehabilitation - восстановление
Genscher (Name) - Геншер
geöffnet, öffnete - открыл
gerufen, rief - крикнул
Geschichte die - история
Geschlecht das; der Boden - пол
geschlossen - закрытый
Geschwindigkeit die - скорость
Gesicht das - лицо
gestern - вчера
gestohlen - украденный
gesund pflegen - восстанавливать
Gesundheit die - здоровье

getroffen, traf, kennengelernt - встретил
gewöhnlich, normal - обычный
ging (weg) - ушёл
Glas das - стекло
glauben - полагать
gleich - сразу
Gleiche der - тот же самый
gleichzeitig - одновременно
Glück das - счастье
glücklich - счастливый
grau - серый
grauhaarig - седовласый
groß - большой
grösste Teil - большая часть
grün - зелёный
Grund der - причина
grüssen - приветствовать
Gummi der - резина
gut - хороший / хорошо
Hh
Haar das - волосы
haben - иметь
halb - половина
halb neun - пол-девятого
hallo - здравствуйте, привет
Hand - рука (ладонь)
Handarbeit die - физическая работа
Handschellen die - наручники
Handy das - мобильный
Hannover - Ганновер
hassen - ненавидеть
hatte, gehabt - имел
Haupt-, zentral - центральный
Haus das, das Zuhause - дом
Hausaufgaben die - домашняя работа
Haustier das - домашнее животное
heben - поднимать
heimlich - тайком
helfen - помочь
Helfer der - помощник
Herausgeber der, der Redakteur - редактор
Herd der - плита кухонная
Herr der - гражданин, господин; г-н Иванов - Hr. Iwanow
herstellen - производить
heulend - завывая
heute - сегодня
Hey! - эй!
hier (Ort) - здесь
hier ist / sind - вот
hierher (Richtung) - сюда
Hilfe die - помощь
hindurch - через
hinein, in - (во)внутрь
hinter - сзади
(hinunter)schlucken - проглотить
hoch - высокий, высоко
Hof der - двор
hoffen - надеяться
Hoffnung die - надежда
hören - слушать; Я слушаю музыку. - Ich höre Musik.
hörte, gehört - слышал
Hose die - брюки
Hotel das - гостиница
Hotels die - гостиницы
Hund der - собака
hundert - сто
hungrig - голодный
Hut der - шляпа
Ii
ich - я
ich frage mich - мне интересно / любопытно
ich habe - у меня
Ich werde - я буду
Idee die - идея
ihm - ему
ihn (Akkusativ) - его; Я знаю его. - Ich kenne ihn.
ihnen (Dativ) - им
Ihr - Ваш
ihr - ей (Dativ); Я хочу подарить ей эти цветы. - Ich möchte ihr diese Blumen schenken.

ihr(e) - её (Possessivpronomen); Это её книга. - Das ist ihr Buch. 2. их; Это их книги. - Das sind ihre Bücher.
im Verlauf, während - на протяжении
Imbiss der - тормозок
immer - всегда
in - в; Он в гостинице. - Er ist im Hotel. Я зарабатываю 100 рублей в час. - Ich verdiene zehn Rubl pro Stunde. 2. через; через два часа - in zwei Stunden
in der Nähe - возле
in der Zwischenzeit - тем временем
in Panik versetzen - паниковать
Information die, die Angabe - информация
informieren, mitteilen - сообщать
informierte, teilte mit - сообщил
Ingenieur der - инженер
Inserat das - объявление
intelligent - сообразительный
interessant - интересный
irgendein - какой-нибудь
ist, befindet sich - находится; Магазин находится рядом. - Der Laden ist nah.
Italienische - итальянский
Ivan (Name) - Иван
Jj
ja - да
Jacke die - куртка
Jahr das - год
(Jahres)zeit die - сезон
jeder, jede, jedes - каждый, любой; каждый из вас - jeder von euch
jemand - кто-нибудь, кто-то
jemanden - кого-нибудь
jene (pl.) - те
jener, jene, jenes - тот
jetzt, zurzeit, gerade - сейчас
Journalist der - журналист
jung - молодой
Junge der - мальчик, парень
Kk
Kabel das - провод, кабель
Kaffee der - кофе
kalt - холодный
Kälte die - холод
kam, gekommen - пришёл
Känguru das - кенгуру
Kapitän der - капитан
Karte die - карта
Kasper (Name) - Каспер
Kasse die - касса
Kassierer der - кассир
Kätzchen das - котёнок
Katze die - кошка
kaufen - покупать
kein(er) - никакой
kennen, wissen - знать
kennengelernt über.. - узнал о..
kennenlernen - знакомиться; Рад(а) с Вами познакомиться. - Ich bin froh Sie kennenzulernen.
Kessel der - чайник
Kilometer der - километр
Kind das - ребёнок
Kinder die - дети
Kindergarten der - детсад
Kiste die - ящик
Klasse die - класс
Klassenzimmer das - классная комната
Kleidung - одежда, платье
klein - маленький
klingeln - звонить
Klingeln das - звонок
klingelte - звонил
klug - умный
Knopf der - кнопка
Kochen das - готовка еды
Kollege der - коллега
Kolobokov (Name) - Колобоков
kommen / gehen - идти / ходить
kommen in - присоединяться
können - мочь, уметь; Я умею / могу читать. - Ich kann lesen.
könnte - мог
Kontrolle die - контроль

kontrollieren - проверять
Koordination die - координация
Kopfarbeit - умственная работа
korrigieren - исправлять
kosten - стоить
kreativ - творческий
Krieg der - война
kriminell - криминальный
Kristall das - кристалл
Kristian (Name) - Кристиан
Kristians - Кристиана
Krug der - банка
Küche die - кухня
Kunde der - клиент
Kunst die - искусство
Künstler der - художник
Kurs der - курс
kurz - короткий
küssen - целовать
Küste die - берег
Kuzma (Name) - Кузьма
Ll
lächeln - улыбаться
Lächeln das - улыбка
lächelte, gelächelt - улыбнулся
lachen - смеяться
Laden der - магазин
Läden die - магазины
Land das - сельская местность, страна
landen - приземляться
lang - длинный
langsam - медленно
Laser der - лазер
lass uns - давай, давайте (Pl)
lassen - пускать, позволить
Lastwagen der - грузовик
laut - вслух
Leben das - жизнь
leben, wohnen - жить
lebte - жил
lecker - вкусный
ledig - одинокий
leer - пустой / пустая
legen - (по)ложить, класть
legen - помещать
Lehrer der - учитель
leicht - слегка
leid tun - сожалеть; Я сожалею. - Es tut mir leid.
leise - молчаливый, тихо
Leiter der / die Leiterin - руководитель / руководительница
lenken - управлять / рулить
lernen - (на)учиться
Lernen das - обучение
Lesen das - чтение
lesen - читать
lesende - читающий
Liebe die - любовь
lieben - любить
lieber, liebe; teuer - дорогой
Lieblings- - любимый
liebte, geliebt - любил
lief weg - убежал
liegen - лежать
legen - ложить, класть
links - влево / налево
Liste die - список
Löwe der - лев
Luba (Name) - Люба
Luft die - воздух
lustig - забавный
Mm
machen - делать
machte - делал
machte an (den Motor) - завёл, включил
machte fertig - закончил
Madame die - мадам
Mädchen das - девочка, девушка
Mama, die Mutter - мама
manchmal, ab und zu - иногда
Mann der - мужчина
Männer die - мужчины
männlich - мужской
Mannschaft die - команда
Matratze die - матрас

medizinisch - медицинский
Meer das - море
mehr - более; больше
mein, meine, mein - мой (M), моя (F), моё (N), мои (Pl)
meist - самый
Mensch der - человек
Menschen die - люди
menschlich - человеческий
Metall das - металл, металлический
Meter der - метр
Methode die - метод
mich / mir - меня / мне
Miezekatze die - кошечка
Mikhail - Михаил
Mikrofon das - микрофон
Minute die - минута
mir - мне
mit - с
Möbel die - мебель
mögen, lieben - любить
möglich - возможный
Möglichkeit die - возможность
Moment der - момент
Monat der - месяц
monoton - монотонный
Montag - понедельник
Mörder der - убийца
morgen - завтра
Morgen der - утро
Motor der - двигатель
müde - уставший
Musik die - музыка
müssen - должен; Я должен идти. - Ich muss gehen.
Muti die - мама
Mutter die - мать
Muttersprache die - родной язык
Nn
nach - после
nach außen - на улицу
nach draussen - наружу
nach unten - вниз
Nachbar der - сосед
nächste, in der Nähe - ближайший, соседний
Nacht die - ночь
nah - близко, рядом
näher - ближе
nahm - взял
Name der - имя; название (für Sachen)
Nase die - нос
nass - мокрый
Nationalität die - национальность
Natur die - природа
natürlich - конечно
nehmen - брать, взять
nein - нет
nennen - называть
neu - новый
neun - девять
neunter - девятый
nicht - не
nicht dürfen - нельзя (+ Dative); Ему нельзя работать. - Er darf nicht arbeiten.
nichts - ничего / ничто́
nie - никогда
niemand - никто
Nikolaevich (Vatersname) - Николаевич
Nikolai (Name) - Николай
noch - ещё
noch einen - ещё один
normalerweise - обычно
Norwegen - Норвегия
Notiz die - записка
Notizbuch das - блокнот
Notizbücher die - блокноты
Nummer die - номер
nur - лишь, только
Oo
ob - ли; Может ли он помочь? - Ob er helfen kann?
obwohl - хотя
oder - или
offenherzig - искренне
öffnen - открывать

oft - часто
Oh! - O!
ohne - без
Ohr das - ухо
Öl das - нефть
olympisch - олимпийский
Pp
Papa - папочка
Papier das - бумага
Park - der парк
Parks die - парки
Pascha (Name) - Паша
Paschas - Паши; книга Паши - Paschas Buch
passend - подходящий
passieren - происходить
passiert - произошло
Patroiulle die, die Streife - патруль
Pause die - перерыв
Personalabteilung die - отдел кадров
persönlich - личный
Piepton der - сигнал
Pilot der - пилот
Plan der - план
planen - планировать
Planet der - планета
Platz der - место, площадь
plötzlich - неожиданно
Polizei die - полиция
Polizeihauptmeister der - сержант
Polizist der - офицер, полицейский
Position die - должность
Preis der - цена
Problem das - проблема
Programm das - программа
Programmierer der - программист
prüfen - тестировать
Prüfung die - тест; eine Prüfung bestehen - сдать экзамен
Publikum das - зрители
Puppe die - кукла
putzen - чистить
putzend - очищая
Qq
Quittung die - квитанция
Rr
Räber der - грабитель
Rad das - колесо
Radar der - радар
Radio das - радио
Raser der - нарушитель
raste - пронёсся
Rätsel das - загадка
Ratte die - крыса
Raumschiff das - космический корабль
Recht das - право
rechts - вправо
Rede die - речь
Regel die - правило
Regen der - дождь
reiben (sich) - тереть(-ся)
reisen - разъезжать
rennen, joggen, laufen - бежать
Reporter der - репортёр
retten - спасать
Rettungsdienst der - спасательная служба
Rettungstrick der - трюк по спасению жизни
richtete - направил на
richtig - правильно
richtig(er) - правильный
rief an - позвонил
Robert (Name) - Роберт
Roberts - Роберта
rot - красный
Rubl (russisches Geld) - рубль
Rubrik die - рубрика
rund, umher - вокруг
Russe - русский / россиянин (M)
Russin - русская / россиянка (F)
russische - российский / русский (M) (Adj)
russische Sprache - русский язык
Russland - Россия

Ss
Saatgut das - семена
sagen - сказать
sagte - сказал
sah - видел
Samstag - суббота
Sand der - песок
Sandwich das - сэндвич
Sänger der - певец (M), певица (F)
Satz der - фраза
sauber - чистый
säuberte - почистил
schaffen - суметь
schauen, betrachten - смотреть
schaute, geschaut - посмотрел
Schaufenster das - витрина
schaukelnd - качаясь
schickte - послал
Schiff das - корабль
Schlaf der - сон
schlafen - спать
schlagen - бить, ударить
Schlange die - очередь
schlank - стройный
schlau - хитро, хитрый
schlauer - хитрый
schlecht - плохой
schließen - закрывать
schließlich - наконец
schloss - закрыл
Schlüssel der - ключ
schnell - быстро
schnelle - проворный
schnelle(r) - быстрый
schön - красивый, прекрасный
schon - уже
schoss; angeschossen - выстрелил, подстрелил
Schreibarbeit - писательская работа
schreiben - (на)писать
Schreibtisch der - письменный стол
schreien, rufen - кричать
schrieb - писал
Schriftsteller der - писатель
Schritt der - шаг
Schule die - школа
Schule für Austauschschüler (SAS) - ФЛЕКС
schütten, gießen - насыпать
Schwanz der - хвост
schwarz - чёрный
schweigen - молчать
schweigend - молча
schwer - трудный
Schwester die - сестра
schwimmen, treiben - плыть, плавать
schwimmender, treibender - плывущий
sechs - шесть
sechster - шестой
sechzig - шестьдесят
See der - озеро
sehen - видеть
sehr - очень
sein(e) (Possessivpronomen) - его; Это его книга. - Das ist sein Buch.
seit - с
Sekretärin die - секретарь
selten - редко
Sergey - Сергей
Serie die - сериал
Shchorsa street - улица Щорса
sich abwenden - отвернуться
sich anhaken, hängenbleiben - зацепить(ся)
sich bewerben - подавать заявление
sich entschuldigen - извинять(ся); Извините (меня). - Entschuldigen Sie (mich).
sich kümmern um - заботиться
sich schämen - стыдиться; ему стыдно - er schämt sich
sich setzen - садиться
sich Sorgen machen - волноваться
sich unterhalten - разговаривать
sich verstecken - прятать(-ся)
sicher - уверенный

Sicherheitsgurt der - ремни безопасности
Sie - Вы
sie (Sing. Akkusativ) - её; Я знаю её. - Ich kenne sie.
sie (Pl. Akkusativ) - их; Я знаю их. - Ich kenne sie.
sie (Plural) - они
sie (Sing.) - она
Sie haben - у Вас
sie haben - у них
sie hat - у неё
sieben - семь
siebter - седьмой
siebzehn - семнадцать
sind, befinden sich - находятся; Магазины находятся рядом. - Die Läden sind nah.
singen - петь
sinken, eintauchen - погружаться
Sirene die - сирена
Situation die - ситуация
Sitz der - сиденье
sitzen - сидеть
so oft wie möglich - как можно чаще
sofort - немедленно
Sohn der - сын
Sonntag - воскресенье
sorgfältig - заботливый, осторожный
Spaniel der - спаниель
Spanien - Испания
spanische - испанский
Spaß der - удовольствие
Spaziergang - прогулка
Spiel das - игра
spielen - играть
Spielzeug das - игрушка
Sport der - спорт
Sportfahrrad das - спортивный велосипед
Sportgeschäft das - спортивный магазин
Sprache die - язык
sprechen - говорить
springen - прыгать
Sprung der - прыжок
St Peterburg (city) - Санкт Петербург
Stadt die - город
Stadtzentrum das - центр города
Stand der - положение; семейное положение - der Familienstand
Standard der, Standard- - стандартный
starb - умер
stark - сильно
starke(er) - сильный. крепкий
Stärke die - сила
station - станция
Stechmücke die - комар
Steh auf! - Вставай!
stehen - стоять
stehlen - красть / воровать
Stein der - камень
stellen - ставить
sterben - умирать
Stern der - звезда
Sternchen das - звёздочка
Stift der - авторучка
Stifte die - авторучки
Stimme die - голос
stinkend - вонючий
stoßen, ziehen - толкать
Straße die - дорога, улица
Straßen die - дороги, улицы
strenge - строгий
Strom der - ток
Student der - студент
Studenten die - студенты
Studentenwohnheim das - общежитие
studieren, lernen - учить(-ся) / изучать
Stuhl der - стул
Stunde die - час
stündlich - ежечасно
suchen - искать
super, toll - великолепно
Supermarkt der - супермаркет
Sveta (Name) - Света

Tt
Tablette die - таблетка
Tag der - день
täglich, jeden Tag - ежедневно
Tanker der - танкер
tanzen - танцевать
tanzend - танцуя
tanzte - танцевал
Tasche die - карман, сумка
Tasse die - чашка
Tastatur die - клавиатура
Taxi das - такси
Taxifahrer der - водитель такси
Tee der - чай
Teemaschine - чаеварка
Teil der - часть
teilnehmen - взять / принять участие
Teilnehmer der - участник
Teilzeitarbeit die - частичная занятость
Telefon das - телефон
Telefonhörer der - телефонная трубка
telefonieren - звонить
Teller der - тарелка
Teppich der - ковёр
Text der - текст
Tier das - животное
Tierarzt der - ветеринар
Tiger der - тигр
Tisch der - стол
Tische die - столы
Tochter die - дочь
tödlich - смертельный
Toilette die - туалет
Toll! - Здорово!
tötete, getötet (part.) - убил
trainieren - тренировать
trainiert - тренированный
Transport der - транспорт
transportieren - везти
trat - нажал ногой
Traum der - мечта
träumen - мечтать
traurig - грустный
treffen, kennenlernen - встречать(ся)
Treppe die - лестница
Tresor der - сейф
treten - наступать
tretend - нажимая ногой
Trick der - трюк
trinken - пить
trocken - сухой
trocknen - сушить
tschüss - пока
Tür die - дверь
Üü
über - над
übergreifen - распространять(ся)
überraschen - удивлять
überrascht, verwundert - удивлённый
Überraschung die - удивление, неожиданность
Übersetzer der - переводчик
Überzeugung gewinnen - убедиться
übrigens - кстати
Uu
Uhr - час; Сейчас два часа. - Es ist jetzt zwei Uhr. 2. часы; Это настенные часы. - Das ist eine Wanduhr.
um - в; в час - um eins
um .. zu .. - чтобы
und - и; а
Unfall der - авария
ungerecht - несправедливый
Universität die - университет
uns (Dat.) / uns (Ak.) - нам / нас
unser - наш
unter - под
Unterrichtsstunde die, die Aufgabe - урок
unterstreichen - подчеркнуть
USA die - США
usw. - и так далее
Vv
Vater der - папа
Vatersname der, der zweite Name - отчество
Vatis (Dat) - папин

Verbrecher der - преступник
verdammt - проклятье
verdienen - зарабатывать
Verein der - клуб
Vereinbarung die - соглашение, договор
Verfolgung die - погоня
vergessen - забыть
verheitatet (ein Mann) - женат(ый); (eine Frau) - замужняя
verkaufen - продавать
Verkäufer der / die Verkäuferin - продавец / продавщица
Verlader der - грузчик
Verlag der - издательство
verlassen - оставить, покидать, уходить
verlieren - терять
verschieden - различный
verschmutzen - загрязнять
verstanden, verstand - понял
Versteckspiel das - прятки
versteckte - спрятался
verstehen - понимать
versuchen - пробовать, пытаться
versuchte - пытался
verwirrt - сконфуженный
Videokassette die - видеокассета
Videothek die - видеомагазин
viel, viele - много
vielseitig, alles könnend - всё подряд
vier - четыре
vierter - четвёртый
vierundvierzig - сорок четыре
Vogel der - птица
voll - полный
Vollzeitarbeit - полная занятость
vor - (тому) назад; год (тому) назад - vor einem Jahr
vor allem - особенно
vorbei - мимо
vorbereiten (sich) - приготовить(ся)
vorgeben; so tun, als ob - притвориться / притворяться
vorher - раньше
vorige, letzte - прошлый
vorn - передний
vorsichtig - внимательно, аккуратно
Ww
wackelte - тряс(-ся)
Waffe die - оружие
wählen (Telefonnummer) - набрать / набирать номер телефона
wählen, aussuchen - выбирать
während - во то время, как / пока
wahrscheinlich - возможно; Я, возможно, пойду в банк. - Ich werde wahrscheinlich zur Bank gehen.
Wal der - кит; der Schwertwal - кит-убийца
war - был, была, было
waren - были
warm - тёплый
warten - ждать
wartete - ждал
warum - почему
was - что; Что это? - Was ist das?
was ist mit…? - что насчёт…?
waschen - (по)мыть, умываться
Waschmaschine die - стиральная машина
Wasser das - вода
Wasserhahn der - кран
Website die - страница Интернета
weg - прочь
Weg der - путь
weg sein - пропал
wegen - из-за
weggehen - уходить
wegnehmen - убрать / убирать
weiblich - женский
weil, denn, da - потому что, так как
weinen - плакать
weiß - белый
weit - далёкий, далеко, широкий, широко
weiter - дальше
weiterhin - всё еще

welcher/welche/welches - какой; Какой стол? - Welcher Tisch?
Welle die - волна
Welpe der - щенок
Welt die - мир
Weltall das - космос
wenig - мало
weniger - меньше, менее
wenigstens - минимум
wenn - когда
wenn, falls - если
wer - кто, который
Werbung die - реклама
werde - буду
werden - будут
werden - становиться
wessen - чей
Wettbewerb der - конкурс
Wetter das - погода
wichtig - важный
wie - как; Как я. - Wie ich.
Wie geht es? - Как дела?
wieder - снова, опять
wieviel - сколько
Wind der - ветер
wir - мы
wir haben - у нас
wird - будет
wirklich - действительно
wirkliche - настоящий
wo - где
Woche die - неделя
wohnhaft - живущий
wollen - хотеть
wollte - хотел
Wort das, die Vokabel - слово
Wörter die, die Vokabeln - слова
wunderbar - удивительный
wusste - знал
wütend - сердито, сердитый
Zz
zahlen - заплатить
Zebra das - зебра
zehn - десять
zehnter - десятый
zeigen - показывать
zeigte - показал
Zeit die - время; время идёт - die Zeit läuft
Zeit nehmen - занимать время; Это занимает пять минут. - Es nimmt fünf Minuten.
Zeit verbringen - проводить время
Zeit zuteilen / finden - уделять время
Zeitschrift die - журнал
Zeitung die - газета
Zentrum das - центр
zerbrechen - разбить
zerstören - разрушать, уничтожить
ziehen - тянуть
ziemlich - довольно (таки)
Zimmer das - комната
Zimmer die - комнаты
zittern - трясти(сь)
Zoo der - зоопарк
zu - к, в, на; Я иду в банк. - Ich gehe zur Bank. 2. слишком; слишком дорогой - zu teuer
zu Fuß - пешком
zu Zeiten - во время
Zug der - поезд
zukünftig - будущий
zurück - назад, обратно
zurückkommen - возвращаться
zusammen - вместе
zuschauen - глядеть
zuvor, bevor - до; Я приеду до пятницы. - Ich komme bevor Freitag.
zwanzig - двадцать
zwei - два
zweihundert - двести
zweimal - дважды
zweitausendeinhundertzwanzig - две тысячи сто двадцать
zweiter - второй
zwingen - заставить / заставлять

zwischen - между

* * *

Заметки

3892758R00089

Printed in Germany
by Amazon Distribution
GmbH, Leipzig